三浦綾子：《舊約》告訴我的故事

原來，《聖經》說透了人性

劉瀞月◎譯
許書寧◎繪圖

目錄 CONTENTS

目錄 CONTENTS

推薦序
充滿智慧的動人敍述

彭懷真博士
（東海大學社工系副教授，中華民國幸福家庭促進協會理事長）

往年中秋節總是北上與家人相聚，共賞明月。今年遇到颱風侵襲，只能用網路與他們相聚。不過省下了交通時間，能夠品味這本好書，並且寫些心得，也是一種收穫。

「颱風裡的中秋」這豈不是人生的某些寫照嗎？人們總是計畫、安排、經營人際關係，忙著送禮、享樂、吃喝一番，但是遇到老天爺，任何人都矮一截，趕緊更改。人類無論如何努力，都敵不過「天氣」，而天氣只不過是「天」主宰的一小環。

人們用「老天爺」來大致描述天，但是對「老天爺」不很瞭解。日本頂尖的暢銷書作者三浦綾子所寫的這本書就是幫助我們認識「老天爺」，以及祂對人類的旨意。《聖經》就是一本「天書」，不是「無字天書」，而是有六十六卷組成的書籍，唯一的核心是「天與人的關係」。天，在本書裡用「上主」來說明，也有翻譯成「上帝」、「神」、「耶和華」等。

《聖經》分《舊約》與《新約》，舊約有三十九卷。本書主要討論的是《舊約》，其中著墨最多的是第一卷〈創世記〉。主要是記錄上主如何創造世界、創造萬物，也創造人類的始祖。然後人犯罪，破壞了與上主之間的關係，從此開始辛苦、悲喜交織的人生，人類歷史的開始是上主的傑作，但隨即因為錯誤與慾望，有了各種痛苦。

《聖經》之所以能夠成為世界長期以來最暢銷的書，原因之一是《聖經》永遠能夠給閱讀者提供適時的幫助。我為了講授「社會工作管理」，每天都在撰寫教材，凡是看到「管理」兩個字，都會特別注意。「管理」絕對是〈創世記〉中重要的主題，第一章就提到管理，而且是在創造人之時，就決定要人類負責管理。

上主說：「我們要照著我們的形像、按著我們的樣式造人，使他們『管理』海裡的魚、空中的鳥、地上的牲畜、和全地、並地上所爬的一切昆蟲。」由此可見，人類的使命就是「管理」，管理的歷史與人類歷史同樣長，各種文明、人際互動也少不了各種管理。

管理者該注意什麼呢？本書第二章立刻提到，就是「管理者不要貪心」，亞當夫婦最大的錯誤就是「貪心」。第三章告訴讀者：要避免紛爭、減少嫉妒。第四章，是「留心時代的警訊，並妥善因應」。第五章，不要好高騖遠，要心存謙卑。之後的每一章，都可以讓我們學習到與管理者有關的功課。

〈創世記〉不僅討論管理，也是文學、心理學、家庭研究、人生哲學、地理、歷史等的經典，提供了無數精彩的材料。我講授家庭問題時，一定提到〈創世記〉，尤其是從亞伯拉罕（亞巴郎）到約瑟（若瑟）這四代裡的恩怨，家庭裡常見的兄弟鬩牆、婆媳不和、男人外遇等問題，〈創世記〉裡都有。不過，《聖經》裡總是記錄上主至高無上的旨意，上主比人大，祂的旨意比起人的盤算要高得多。

如果喜歡文學，《聖經》更是處處有精彩的短篇和中篇小說，國內知名的美學家蔣勳教授在他的書——《給大學新鮮人的十二封信》之中，就提到讀《聖經》對他文學素養的幫助。三浦綾子的這本書，以優美文字，配合她一貫的細膩觀察、獨到見解，還有豐富的人生經驗，使我們能享受這本結合文學與《聖經》的作品。她結合了自己的人生經驗，透過身邊的人、事、物，去詮釋《聖經》，並且鼓舞我們去實現《聖經》裡最可貴的價值：「愛」。

什麼是「愛」呢？三浦綾子在第三章引用了一位麵包店的老闆西村的話——每一位自己認識的人都是屬於自己的責任範圍，因為他們是上主託付給我們的。這個定義很美，提醒我們對所認識的人負有責任，要以愛相待。三浦綾子的書總是充滿了愛，或許是因為她寫作的時候總是想到「讀者是自己的責任，是上主託付於自己的」，所以她的文字沒有不好的部分，總是環繞著愛。

三浦綾子不是神學家、也不是教授，她寫作的內容因此更接近一般人能理解的，而且她會問一些很基本的問題，這對於想要瞭解《聖經》知識的讀者有很大的幫助。她的人生經驗也在書中真誠展現，讓我們能從平凡人的角度感受《聖經》的智慧，例如第十章裡提到大力士參孫（三松），分享參孫母親長期無法生育時，也述說自己不孕，讓我很感動。這樣溫暖的筆觸，隨處可見。

《聖經》有各種閱讀的方法和角度，其中透過一個個人物去瞭解最容易入門，這方面，神學家孫德生所寫《神的門生》與神學教授吳獻章所寫《舊約英雄人物》都很精彩，我也仿效寫了《誰轉動生命齒輪》。不過，我們都是男性，少了三浦綾子的細膩、敏銳與動人。三浦綾子的文筆，也是當代少有作者所能比擬的。閱讀本書時，我一次次地被感動，也學習到很多寶貴的功課。

如同最後一章的標題「說不完的故事和感觸」，其實，《聖經》不只是告訴故事，更告知「真理」。也如同最後一頁所說的：「這是一本需要一邊反省自己，一邊研讀的書」，其實，《聖經》還要我們在研讀後「實踐」。《聖經》太豐富了，任何作者能夠描述的再精彩，都很有限，就像詩歌「真神之愛」裡的歌詞：

「世上海洋當作墨水，諸天穹蒼作為紙張，
世上萬莖用作筆桿，全球文人集合苦幹，
竭盡智力描繪神愛，海洋墨水用乾，
案卷雖長像天連天，仍難描述盡詳。」

這是一本充滿智慧的動人故事集，透過故事進一步地彰顯上主的智慧。我們感謝三浦綾子對我們所分享的，但是應該更謙卑地天天研讀《聖經》（這是我過去多年來所力行的），誠如第十二章有一段的標題是「上主說話了！」，讓上主透過《聖經》對自己說話，我們就更瞭解祂永恆的智慧，以及這樣的智慧對我們的意義。

推薦者的話

卡內基訓練大中華地區負責人黑幼龍先生說：

「我覺得人不需要去買各式各樣的指南之類的書。因為《聖經》是最好的指南。《聖經》能指導我們如何生活；如何工作，如何愛人，如何不要憂愁。沒有一本書比《聖經》更好看，更精彩。」

緣起

《聖經》被認為是最暢銷的一本書。我也曾聽說過，在日本大約百分之八十的家庭都擁有一本《新約聖經》。

我想《聖經》、或《新約聖經》在日本這麼普及，是許多人面對各種煩惱，卻因無法解決而取得。雖是如此，這些《新約聖經》的擁有者，並沒有太多時間來閱讀吧?!到底是什麼原因呢？因為手頭沒有一些導讀書籍來輔助，閱讀《聖經》時可能會有許多的困難。相較於《新約聖經》，閱讀《舊約聖經》的人更少，我想其中一個原因是對《舊約聖經》有一些誤解吧！

我開始閱讀《聖經》時就有相當大的誤解。我一直深信，現代的教會把《舊約聖經》視為古老的法典，已經沒有人在使用或閱讀了，因此理所當然地認為，只有《新約聖經》才是真正的《聖經》。

還有一個相當大的誤解，就是經過一段時間後我仍然認為《舊約聖經》屬於舊教、也就是天主教所使用的經典；而《新約聖經》則是基督新教（以下簡稱：新教）所使用。當然這是相當嚴重錯誤的觀念，可是當時並不知道自己錯了，直到一次去拜訪一位天主教神父。當時我還帶著些許得意地對神父說：「我擁有一本《舊約聖經》喔！」因為我一直深信，只有天主教體系的人才閱讀《舊約聖經》，若是沒有告知神父我也擁有一本

《舊約聖經》，對神父而言是一種失敬的態度。回想起當時的自己，至今仍覺得非常慚愧而且好笑。但令人意外地，仍然有許多人和過去的我一樣的誤解。即使並非如此，一直相信《新約聖經》才是唯一《聖經》的人，似乎比想像中要來得多。

其實不用說也知道，《舊約》和《新約》合在一起才稱為《聖經》的。《舊約》是指上主原先與人類所訂下的盟約。相對於《舊約》，《新約》則是基督來臨之後新的盟約，兩者密切關連。因此若是沒有熟讀《舊約》，自然無法正確地了解《新約聖經》。

《聖經》被稱為最崇高的文學作品，若是從內容的有趣程度來看，絕對是《舊約》比《新約》有趣。因為《舊約》充斥著類似連續劇劇情的場面、或關於人性美醜善惡等一連串的發展。這些反覆的情節就像是部電影，也是有些故事被拍成電影都既賣座又叫好的理由。

不過再怎麼說，經典終究是經典，即使用心研讀，還是有許多部分無法靠自己理解。而且，若是只抱著好玩的態度閱讀，更不可能得到什麼幫助。若是無法探知深藏箇中宛如寶石一般的真理，就失去研讀《聖經》的意義了。特別是〈創世記〉，看似幼稚的神話故事中，隱藏著許多永恆的真理，與無數指引人生的啟示。因此，我們實在很需要一本引導的書。

誠如前面提到，對《舊約聖經》的誤解曾經是我慘痛的經驗，促成了本書的撰寫動機。我並非牧師、也不是什麼神學家，只不過是一介普通信徒而已，因此，有一本用普通信徒觀點來詮釋的《舊約聖經》導讀書，其實也不錯，因此我著手寫這本書，定位為簡單易解的《舊約》導讀書。當然我參照了許多牧師的講道內容、或是引用其他參考書籍。

當我快寫完這本書時，發現並沒有均等地涉及《舊約聖經》中的各個部分。比如說，擁有千百妻妾，生活奢華墮落的所羅門王、充滿戲劇性的先知事蹟、宮廷的腐敗、或是對於解開虛無謎題，鍥而不舍地追求真相的〈傳道書〉等等。照理說，應該會花更多心思來描寫這些部分才是，因此我並不很滿意。不過反過來想一想，我是懷抱著「以這本書作為導讀，為使更多人來接觸《聖經》」的心態來寫這本書。期待讀者能夠體會，並理解我的想法，將隱藏在《聖經》裡，不！應該說，將這些呈現在眼前的寶藏，變成為自己的寶物。能這樣跟我共鳴的讀者，即使只有一位也好，我將覺得沒有比這個更幸福的了。

最後，在寫作過程中，一直給我許多支援的橫濱上星川教會的原田洋一牧師、設計此書裝幀的小西啟介老師，以及幫我畫插圖的荻太郎老師，在此謹向他們致上我最深厚的謝意。

三浦　綾子

一九七四年十二月五日（於河童文物發行時間）

所羅門【撒羅滿】

〈傳道書〉【訓道篇】

① 括弧【】內爲同一名詞《思高本聖經》譯名。

關於此書的文庫版

《舊約聖經入門》是在一九七四年十二月時加入「河童文物」書系行列，正好是十年前左右。

這次是承蒙光文社以文庫版本發行的。承蒙各界的愛顧，使這本書能再度出版，實在令人高興而且滿懷感激。

我覺得在日本國內讀《聖經》的人依然很少。若是藉著這本新出版的文庫導讀本，使得更多讀者來接觸《聖經》，對我而言這將會是何等幸福的事。

作者　一九八四年十一月十日

01 天地創造——一個看待世界和自己的角度

耶穌也讀過這本書

當我看著太陽、月亮或是星星時，內心裡總是充滿著無法言喻的感動。我經常想：「親愛的耶穌是否也和我觀望過同一個太陽？和我在同樣的月光下散步？也曾以關愛的眼神，瞻望諸天星河？」對耶穌的敬愛，交錯著心中難以言喻的幸福、清新之感和不捨之情。

這樣的感情也許無法得到其他人的共鳴吧！但是，將心比心，如果設想離鄉背井、分隔不同地方的父母與子女、夫妻或是相愛的男男女女，想像他們仰望著一樣的月光圓缺流華與點點繁星時的感受，也許能貼近我的心情吧！這種感覺和我接受洗禮時，讀到《新約聖經》〈路加福音〉第四章的感動很相近：

他（耶穌）在他們的會堂內施教，受到眾人的稱揚。他來到拿撒勒，自己曾受教養的地方。按他的習慣，就在安息日那天進了會堂，並站起來要誦讀。有人把以賽亞先知書遞給他，他遂展開書卷，找到了一處。①（〈路加福音〉第四章第十五到十七節）

拿撒勒【納匝肋】

以賽亞【依撒意亞】

〈以賽亞書〉是《舊約聖經》的一部分。當時的我像觸電似地（啊！耶穌也讀過《舊約聖經》耶！）②，其實我以前也讀過這段經文，卻不曾感受、或感動過，只是不經意地、輕易地帶過而已。

① 編者按：本書中如果引述《聖經》原文，原文部分都以楷體顯示。除非另外說明，經文都依據《思高本聖經》的譯文。
② 編者按：括弧內是原書所特別標示的作者內心話，用括號標起來，並以小字顯示。

耶穌曾經讀過《舊約聖經》，對我而言是極其重大的震撼，使我突然而急切地想儘快研讀《舊約聖經》。也就這樣，逐漸對《舊約聖經》有了一些親近感，進而想花更多時間研讀。以前若是有人問我：「讀《聖經》嗎？」我的回答是：「在讀《聖經》。」然而讀，卻僅止於滑過眼睛的閱讀，更從未用心研讀《舊約聖經》。當然內容也不完全了解，只是被問什麼、回答什麼的應對而已。可是，真正的基督徒應該《新舊約聖經》全讀才對。若是用比較失敬的說法，只研讀《新約聖經》的基督徒，不能稱為真正讀過《聖經》。

誰都知道印刷機是德國人古騰堡（Johannes Gutenberg）發明的，卻很少人知道《聖經》最早刊印的部分是《新約聖經》。我想不知道多少人曾為了《聖經》付梓而迫切代禱，使得現在這麼方便能在書局裡買到《聖經》。和印刷機尚未發明的時代比起來，我們更應該懷著感謝的心，把這本被稱為世界上最崇高文學作品的《聖經》，從《舊約聖經》的第一頁開始讀起才對。

抬頭看星星

我讀到《聖經》的第一行時不禁停了下來，因為聖言這麼宣告著：「在起初上主創造了天地。」（〈創世記〉第一章第一節）

《聖經英王欽定本》（簡稱《欽定本》）則是寫：「起初上主創造天地。」

曾經聽人這麼說過，能夠理解這句聖言的意思，就能夠理解整本《聖經》的意義了。

當我第一次讀到〈創世記〉第一章第一節時，並不覺得這句話有什麼重要性，只想：（上主真的創造了天地嗎？）我總覺得地球、太陽或者其他的星球也好，好像是老早就存在了。明知星球不會偶然地出現，卻不知道從何時開始，整個天體便井然有序地運行著。所以我只能用「總覺得」的字眼，帶點曖昧的角度來思考。

從艱澀的科學影片中知道，太陽大到可以容下幾百萬個地球；而且整個宇宙裡，好像還存在著許多容下五億個太陽大的星球。我想大家也都知道，那個看起來像雲霧的星雲，其實就是一個小宇宙。據說，每個星雲裡平均有上千億個星球在裡面運轉，而像這樣的星雲已知的大約有一億個。也有人表示，其實有十億倍左右的星雲存在宇宙裡。這簡直就是個天文數字。

滿佈天空的星辰，似乎比地上的沙粒要來得多。只想這些星星都在法則下井然運行，我們是不是應該更謙虛地，在創造者上主面前低頭俯伏？人類總是自誇可以登陸月球，可是一想到這些近乎無限的諸多星球，就裝不出一副了不起的樣子了，畢竟人無法探索所有星球。

就算不提其他星球，地球上有各式各樣的草木、繽紛多彩的花朵、各種形狀的果實、穀物、蔬菜；在海中、河川中有各種魚類及生物，還有地上爬行的小蟲子、小動物、猛獸、以及空中翱翔的鳥類等等。想像這些奧妙的生態，就足以讓我們驚嘆不已了。我無法想像這些都是偶然下產生的。

人怎麼變成這樣子?!

一位真正的科學家必定以謙卑的態度，從自然中來體會上主的旨意。也就是說「在起初上主創造了天地」這句話是真理，也是真實。如果這個無限而廣大的宇宙裡，人類宣稱自己是最偉大的物種，這豈不是太不可靠了嗎？

曾經有人說：「人類是非常脆弱的，連把手指放在燭火上一分鐘的能耐也沒有。」不只生理上，精神上也是一樣，人類是非常脆弱的。稍微被別人講兩句話，就睡不著覺、或是惱羞成怒而報復、或做出一些不可收拾的事，這不就是我們一般人的常態嗎？

我們老是心存不軌，很難用一顆真誠的心全然地愛一個人。可是，為了爬到更高的地位卻不擇手段地除掉他人、或是用詭計爭權奪利，是很常見的狀況。這麼卑鄙弱小的人類若是被稱為這個宇宙中最有能力、最優秀的生物，老實說，真令我萬分不安。但是，當我不斷地思考、不斷地細細品味著《聖經》〈創世記〉第一章第一節說：「在起初上主創造了天地」，終究覺得，不論是站在《聖經》的立場、或是做為一個人的立場來考量，這句話是不可欠缺的。

世界上對於「神」抱持著冷笑態度的大有人在。人類不輕信有「神」，除非在人類小小的腦袋裡存在著一丁點對神明的認知，否則我想人類的心裡確實存在著不相信神明的念頭。

我們不僅無法了解自己生命的奧祕，對花草樹木也是一知半解。有人自信地宣稱，目前正處於解開人類奧祕的階段。但是就算解開了，知也無涯，必定還有另一個新的奧祕等待被解開，而想徹底解開宇宙的神祕，更可說是遙遙無期。「神」的存在是超乎宇宙，比想像中要來得偉大的。理所當然的，要用人類的想法去理解根本是不可能的。

我寫過一本小小的信仰入門書《在光明之時》。書中我以各種角度來詮釋我對「神」的看法。在此我盡可能扼要做解釋或是避免重述，但是有一件事必須在這裡重申。我們理當知道「神」並非理智認識的主體，而是生命「信仰」的對象。「神」到底存不存在，是當事人本身靈性上、信仰上的問題。所以我並不希望有人以自己不相信、或屬於無神論者為由，鐵齒地認為「神並不存在」，並對「神」嗤之以鼻。當我是個無神論者時，常常懷疑：「神真的存在嗎？」或是表露出：「我最討厭基督徒了」或「死也不當基督徒」的極端厭惡態度。現在回想起當時自己的態度，實在覺得抬不起頭來，相當可恥。

發現我們美好的特質

《舊約聖經》第一章記載著上主創造了天地，並且創造了各種動物與植物，其中也說明了上主為何「創造人」。「上主說，『讓我們照我們的肖像，按我們的模樣造人，叫他管理海中的魚、天空的飛鳥、畜牲、各種野獸、在地上爬行的各種爬蟲。』」（〈創世記〉第一章第廿六節）上主以自己的形像創造人類，也就是說人類是依照上主的肖像被創造，因此男與女是都這樣被創造的。而且《聖經》〈創世記〉第一章第廿八節裡還說：「上主祝福他們說：『你們要生育繁殖，充滿大地，治理大地，管理海中的魚、天空的飛鳥、各種在地上爬行的生物。』」

話說「上主以自己肖像來創造人類」，到底這是什麼意思？實在是很值得我們思考。這句話的意思是針對我們人類的靈性而言吧！因為上主並不具備肉體（耶穌在〈約翰福音〉說：「上主即是神，朝拜他的人，應當以心神以真理去朝拜他」），而人類所具備的也非上主的外型，而是上主的靈性。所以若是用人的外形來思考，認為上主長得像人類一樣，那就大錯特錯了。我們人類被賦予的是屬於上主的靈性，也就是說上主是人類靈性的原型。

昭和三十六年（西元一九六一年），外子因為盲腸炎而送到旭川市立醫院，當時我正好陪同在他身邊。醫院的醫師、護士甚至是附設商店的老闆都吃驚地對我說：「您長得好像Ａ護士長喔！」

Ａ護士長大約在一、兩年前去世，是一位人品高尚並受到眾人喜愛的護士長。更有人特別帶我參觀放著Ａ護士長遺照的房間。當然，說我和Ａ護士長很像，應該是指我的外表而不是指我的人品吧！

實在太多人說我長得很像Ａ護士長，使得我好想認識生前的她。或許和自己長得很像，所以不由而然地產生一些親近感吧。正因為這種感受，而更加深體會：「上主依照自己的肖像來創造人類。」不禁讓我覺得，這句話正包含著上主對人類所抱持的愛呀！上主是萬物之主，不管以什麼手段或方式，上主達到了創造世人的工程，並以自己的肖像創造了人類。可是上主為什麼這麼做呢？

珍惜可愛的家——地球

那是因為人類的心思最接近上主，因而被上主所創造吧?!生存在地球上的人類是極為渺小。然而「人類的生命比地球要來得尊貴」的說法，來自於人類的存在是為了實踐上主所託付的使命吧！我想這也是人類的生命異於其他動植物之處。

《聖經》裡明白地寫著人類被賦予的使命：「**管理海中的魚、天空的飛鳥、畜牲、各種野獸、在地上爬行的各種爬蟲。**」也就是說，順從上主的旨意管理大自然是人類原本的使命。從體力上來看，大象也好、熊也好、獅子等猛獸也好，人類無法勝過牠們；然而上主卻是命令說：「管理吧。」因為即使沒有體力，人類被賦予和上主一樣的愛心與智慧，並管理各樣的東西。

我們常說「像個人一樣」，但是實際上我們並不了解真正的用意，卻又不斷地使用著。真正的「像個人一樣」是指「像上主一樣的人」的意思。也就是抱持著「運用著為上主所創造而應有的謙遜，和如同上主一樣的愛心與智慧，管理世界的使命感」的心態。當我每天看著報紙總覺得很心痛，因為我們人類相當怠慢，不但辜負了、也放棄了上主託付給我們管理大自然的使命。身為大自然管理者的人類，既破壞了山林之美，也沒有好好地保持河川海洋的清潔；而且，我們呼吸的空氣照理說應該是清新的。

人類忘記了原本被託付的使命，忘記上主的旨意和應有的愛心。凡事以自我為中心的結果是人類糟蹋了環境，招來各種惱人的公害；而環境學者也提出，地球只能再維持二十年的看法。人類正不斷地危害大地。更可怕的是，一樣領受上主所託付的使命，卻有人發明並儲備了氫彈、原子彈等武器，這些都是能破壞並招致地球毀滅的舉動。好不容易從上主那裡得來智慧、自由意識，卻使用於無止盡的慾望，就像是自己掐著自己的脖子一樣，必定招來禍害。人類違背上主的旨意，違背了上主當初所賦予人類智慧的使命了。

從上主創造世界，到人類如何背叛墮落、進而呈現人性醜陋的一面，《舊約聖經》裡清清楚楚地描述著。《聖經》不但是最崇高的文學作品，也是一部非常戲劇化的作品。

02
亞當與夏娃——
人類的故事開始了

為什麼有這麼多的痛苦？

有一次，一位我認識的女士要我幫她簽名，當時我寫了「在起初上主創造了天地。」這位女士默默地看著簽名紙，從她的表情看來，好像不很滿意的樣子。本來我的字就不是寫得很好，猜想她大概不很滿意我的字，所以很愧疚地告訴她：「很抱歉，我的字太醜了。」女士對我說：「不是的！我很喜歡妳的字，只是我無法接受『在起初上主創造了天地。』難道人類也是上主創造的嗎？」我這麼回答：「是啊！《聖經》裡明白地記載著上主創造了男人和女人啊！」這位女士說：「喔，是嗎？可是如果上主真創造了人類，那一定是非常不公平的上主、是愛開玩笑的上主。上主應該是更公平、更有愛心才對的，不是嗎？」突然間，我愣住了。這位女士的孩子患有腦性麻痺，才走幾公尺路就會弄得滿頭大汗。以我臥病十三年的經驗，非常能體會她的心情。

「為什麼人類必須承受苦楚？人為什麼有苦難？」這是我們常常掛在口頭上的，也是古往今來人們常常抱怨的。在這個世界上，因為先天疾病而受苦的、週遭親人相繼離世的、承受無法撫慰之痛苦的人，老實說非常多。就現在所面臨的苦難而言，拙著《在光明之時》那本信仰入門書中提到許多相關的例子。

上述這些事容我先擺一旁，先進入本文的焦點。上主創造天地以及亞當和夏娃時，世上並不存在痛苦或悲慘，亞當和夏娃應當很幸福地生活在樂園裡；但是，這兩個人卻被逐出樂園了。我想我們都曾看過兩個赤裸的男女，腰部繫上無花果樹葉子，悲慟地離開樂園的圖畫。這是描繪亞當和夏娃的故事，名為「失樂園」的名畫①。這兩人被逐出樂園的同時，人類必須經歷的痛苦也由此而生。這兩個人為什麼被逐出樂園？眾人所知，因為他們偷吃了智慧果。在此我要引用《聖經》〈創世記〉來說明。（從第二章第八節開始）

貪心真是可怕！

上主在伊甸東部種植了一個樂園，就將他形成的人安置在裡面。上主使地面上生出各種好看好吃的果樹，生命樹和知善惡樹在樂園中央。（第二章第八到九節）

上主將人安置在伊甸的樂園內，叫他耕種，看守樂園。上主給人下令說：「樂園中各樹上的果子，你都可吃，只有知善惡樹上的果子你不可吃，因為那一天你吃了，必定要死。」（第二章第十五到十七節）

上主說：「人單獨不好，我要給他造個與他相稱的助手。」上主用塵土造了各種野獸和天空中各種飛鳥，都引到人面前，看他怎樣起名；凡人給生物起的名字，就成了那生物的名字。（第二章第十八到十九節）

只是人沒有配偶可以幫助他，因此，上主取了人的肋骨、創造了女人等敘述都記載在《聖經》裡。這個人以及他的妻子「都赤身露體，並不害羞。」接下來要進入到〈創世記〉第三章的全部：

在上主所造的一切野獸中，蛇是最狡猾的。蛇對女人說，「上主真說了，你們不可吃樂園中任何樹上的果子嗎？」女人對蛇說：「樂園中樹上的果子我們都可吃；只有樂園中央那棵樹上的果子，上主說過，你們不可以吃，也不可摸，免得死亡。」蛇對女人說：「你們決不會死，因為上主知道，你們那天吃了這果子，你們的眼就會開了，將如同上主一樣知道善惡。」

女人看那棵果樹實在好吃好看，令人羨慕，且能增加智慧，遂摘下一個果子吃了，又給了她的男人一個，他也吃了。於是二人的眼立即開了，發覺自己赤身露體，遂用無花果樹葉，編了個裙子圍身。當亞當和他的妻子聽見上主趁晚涼在樂園中散步的聲音，就躲藏在樂園的樹木中，怕見上主的面。上主呼喚亞當對他說：「你在那裡？」他答說：「我在樂園中聽到了你的聲音，就害怕起來，因為我赤身露體，遂躲藏了。」上主說：「誰告訴了你，赤身露體？莫非你吃了我禁止你吃的果子？」亞當說：「是你給我作伴的那個女人給了我那樹上的果子，我才吃了。」上主遂對女人說：「你為什麼作了這事？」女人答說：「是蛇哄騙了我，我才吃了。」

上主對蛇說：「因你做了這事，你在一切畜牲和野獸中，是可咒罵的；你要用肚子爬行，畢生日日吃土。我要把仇恨放在你和女人，你的後裔和她的後裔之間，她的後裔要踏碎你的頭顱，你要傷害他的腳跟。」後對女人說：「我要增

①編者按：例如米開朗基羅在梵諦岡西斯汀小堂（Cappella Sistina）的壁畫。

加你懷孕的苦楚，在痛苦中生子。你要依戀你的丈夫，也要受他的管轄。」後對亞當說：「因為你聽了妻子的話，吃了我禁止你吃的果子，為了你的緣故，地成了可咒罵的；你一生日日勞苦，才能得到吃食。地要給你生出荊棘和蒺藜，你要吃田間的蔬菜；你必須汗流滿面，才有飯吃，直到你歸於土中。因為你是由土來的；你既是灰土，你還要歸於灰土。」

亞當給他妻子起名叫夏娃，因為她是眾生的母親。上主為亞當和他妻子做了件皮衣，給他們穿上；然後上主說：「看，人已相似我們中的一個，知道了善惡；如今不要讓他伸手再摘取生命樹上的果子，吃了活到永遠。」上主遂把他趕出伊甸樂園，叫他耕種他所由出的土地。上主將亞當逐出了以後，就在伊甸樂園的東面，派了「基路伯」和刀光四射的火劍，防守到生命樹去的路。

以上所提到的內容是〈創世記〉部分第二章以及第三章全章，雖然是長了一些，卻訴說了人類史上發生的第一宗犯罪事件、結果，和所衍生的各種苦惱。若不清楚這些章節，就無法談論人類原罪的議題，也無從得知如何得到救贖了。因此這個部分不僅非常重要，也是大家必須熟讀的章節。

之前在我家的家庭聚會聽過有人說：「聽說『禁』字是指出有兩棵樹木的意思。」喔！原來如此！我也贊同把「禁」字看成森林的象徵，這是不錯的想法；而「表示有兩棵樹木」的觀點也蠻有意思的。本書之前也提過，〈創世記〉第二章第九節後半段記載：「生命樹和知善惡樹在樂園中央。」

……——「基路伯」【革魯賓】

最初，上主並沒有對這兩棵樹的果子都下禁令，只禁止吃知善惡樹的果子。但是，亞當和夏娃吃了知善惡樹的果子，導致斷絕了接觸「生命之樹」的機會。其實我並不知道「禁」字最初賦予的本義是什麼，但是我覺得這是個有趣而且耐人尋味的一個字。

再說，夏娃為什麼要冒犯上主所下的禁令呢？因為蛇引誘了她。這條蛇引誘夏娃的技術是既完美又厲害。

蛇用質疑的口吻問夏娃說：「上主真說了，你們不可吃樂園中任何樹上的果子嗎？」接著蛇又說了：「你們決不會死，因為上主知道，你們那天吃了這果子，你們的眼就會開了，將如同上主一樣知道善惡。」

蛇並沒有對夏娃說：「吃下這果子吧！」然而之後夏娃卻說：「是蛇哄騙了我。」蛇一定回答說：「可是我並沒說過『吃下果子』喔！」蛇用足以在上主面前狡辯的巧妙伎倆引誘夏娃。

在我們的四周圍充斥著許多誘惑，沒有人一生中都不曾遇過誘惑。當我研讀這篇人類的墮落犯罪故事，令我覺得相當不可思議的是：第一是（上主為什麼要在伊甸園裡創造一棵不可以吃的樹？），其次是（知善惡的果子到底是要給誰吃的？）在一個園子正中央種了一棵樹，果實非常可口誘人垂涎。但是如果告訴你，別的都可以，唯有這棵樹的果實不可以吃，豈不是很殘忍的事嗎？不只如此，這是一棵危險的樹，吃了果實將致死。既然如此，為什麼還把這棵樹種在園裡？我實在無法理解這些事。而且，上主創造了人，若是賜給人類百分之百順服的心，亞當和夏娃就不會去吃分別善惡的果子了。我的心裡充滿了這些疑問。

但是，上主是自由意識的擁有者，並創造了人類。假使人類受造之時，都是一個模型，沒有任何的自由，只是憑著本能生存，我想應該不會有什麼問題發生了。沒有自由才好，不會有人真的這麼想吧！雖是如此，仍有人抱怨說，若是沒有知善惡的樹作怪就好了、或是為什麼把人類創造成這個樣子呢？想想這些抱怨也是挺奇怪的。

我曾經聽說過，有一位偷了東西的女人辯解說：「沒有辦法呀！也不看看，有這麼多我想吃的、穿的東西擺在我面前！」其實我們多多少少，也曾想說這麼不合理的話吧！

為什麼遮遮掩掩？

亞當和夏娃抱著想變得和上主一樣聰明的大膽念頭，吃了知善惡樹的果子。結果，他們變得多聰明呢？《聖經》的描述是，亞當和夏娃便知道他們是赤身露體的，因此用無花果樹的葉子編織圍在自己的腰上②。沒有別的意思，他們只是匆匆忙忙地將自己的私處遮掩起來而已。

起初，我覺得這並沒有什麼深奧的意義。想像一下，匆忙地用無花果樹的葉子圍著自己腰上的兩個人，（原來如此，用無花果樹的葉子來編織，這是裁縫的起源吧！）類似這種程度的想法而已。可是再仔細研讀，發現《聖經》提到因為赤身露體而感到害羞，便拿無花果樹的葉子編織並圍在自己的腰上，而胸部及腹部仍裸露著。實在搞不清楚：若是覺得赤身露體是可恥，露出胸部或是肚臍不也是很可恥嗎？只是遮掩住自己腰部，實在是令人不解。外子說：「這與性有關係吧！」可是，若是希望自己變聰明而吃了果子，吃的過程中就能意識到性是可恥的，反應未免也太快了吧！《聖經》解說權威的黑崎幸吉先生曾批判過：「根據他們的自由意識而言，最初了解到自己無法支配的，便是性的部分。」確實，這是最先讓他們感到軟弱、也是最難看的部分吧！原先以為能變得和上主一樣，結果卻發現創世造物的上主截然不同，更糟的是，馬上也意識到就連支配自己的能力也沒有。

亞當和夏娃的遭遇是相當淒慘的。原來人類了解善惡之後的下場竟是如此。即使知道什麼是善，卻無法行善；知道什麼是惡，卻也無法不為惡。他們所了解，最簡單、最具象徵性的可恥之事便是性，因此急忙地用無花果樹的葉子遮掩。可是，即使用好幾層的衣物包裹遮掩，也無法在上主面前掩飾人的可恥行徑。

牽拖強辯死不認錯

當亞當和夏娃聽到上主的腳步聲，便躲在園子的樹叢裡。如果吃了知善惡樹的果子，已經變得和上主一樣，何必躲藏在樹叢裡。

上主呼喚亞當對他說：「你在那裡？」亞當說：「我在樂園中聽到了你的聲音，就害怕起來，因為我赤身露體，遂躲藏了。」

② 編者按：《思高本聖經》或《和合本聖經》都沒有提到「並圍在自己的腰上」。

在此，他們說了人類史上第一個謊言。事實上他們了解赤身露體很可恥，但是促使他們想躲起來更重要的理由是，他們吃了不該吃的東西。所以，他們應該實話實說：「我們做了不得了的事，吃了那棵不該吃的樹的果子，所以躲藏起來。我們妄想變得和您一樣，所以吃了那果子。上主啊！請赦免我們所犯的過錯。」

亞當和夏娃成了可以分辨善惡的人，理當向上主懺悔才對。他們知善惡，也知道該向上主懺悔，偏偏無法實踐應做的事。不但如此，被上主問到是否吃了知善惡樹的果子時，亞當向上主辯稱：「是你給我作伴的那個女人給了我那樹上的果子，我才吃了。」唉！亞當又錯了，推諉、轉嫁責任。

「（令人感到困擾的是）是你給我作伴的那個女人給我那樹上的果子，（既然如此，我也沒有辦法）我才吃了。（上主啊！都是你賜給我那個壞女人，才會發生這些事的）」也就是說，亞當不但把責任推給夏娃，也把自己的犯錯歸咎於上主。其實，這樣的亞當蠻像我們的。

（哼！上主豈是存在的？）

（因為被生在這樣的環境，所以我也沒辦法啊！）

（犯錯的也不是只有我啊！）

這些話是不是很熟悉？我們總是存著逃避、轉嫁責任給別人的心態。總之，凡事都想歸咎給上主的心態是相當強烈的。

當夏娃被上主指責時，夏娃說是蛇欺騙她的，又將所有責任推給了蛇。亞當也好、夏娃也罷，兩個人都沒有說：「我做錯事了，請原諒我。」

假使他們兩個人攜手在上主面前認罪，相信上主一定赦免他們。有句話說，沒有真心悔改的，上主必定不赦免。上主是神聖的，而神聖與罪惡就像水和油一樣互不相容。對於亞當和夏娃沒有認錯的故事，使我更加感覺到罪惡的根源是何等地深植在人類的心裡啊！

其實在我們的日常生活裡，犯了錯而願意承認的實在少之又少。對上主、對人態度都一樣。人們並非不知道犯了錯，而是即使犯了錯，也不願意承認。當然，明知犯了錯就必須誠實認錯，然而卻無法做到這一點，光知道道理是沒有用的。即使是擁有大學文憑、或是取得了一大堆的學位，我們仍舊必須去面對、解決不肯認錯的問題。

人多，安全

在此，我從另一個角度來說明。

每年總是會發表當季時尚流行的顏色以及款式；今年流行的顏色是葡萄紫或是磚紅色、流行長裙或是短裙。可是，我實在搞不懂到底是什麼人為了誰發布這些訊息。也許是布料廠商吧！因為去年的東西給人的感覺已經太落伍了，所以在行銷上必須施加一些手段吧！

一旦流行趨勢決定好了之後，這些流行的行頭便出沒在各個百貨公司、或是時裝店，流行的裙子或衣服出現在街頭。若是流行磚紅色，不管膚色是黑或是白，大家總會穿上流行的磚紅色；也不管自己的腳是長或是短，若是流行迷你裙，大家就爭相穿上迷你裙。而且好像唯有這麼做才是合乎美感。

盲目追求時尚的風氣下，想要超越風潮而獨創一格很困難。若是被說「落伍了，趕不上流行喔！」，就覺得好丟臉。這到底是為什麼？行為模式和別人不相同就覺得不自在的習性，是否深植人類的心裡？其實這種現象不只是發生在流行時尚方面而已。隔壁人家買了彩色電視，所以我們不買不行；對面人家買了新車，我們也該有一部車。我想每個人應該有過類似這樣的經驗。

行為模式和別人不相同就覺得不自在的習性，不正都發生在亞當和夏娃身上？

夏娃吃了上主不允許他們吃的果子，其實這是犯了三項罪過：想變得和上主一樣聰敏的傲慢心態、沒有順服上主的旨意，還有竊盜，也就是小偷的行為。吃了果子之後，相信夏娃一定感到很不自在吧！自己一個人吃了果子時，相信一定感到非常孤寂，所以夏娃說服亞當說：「你也嚐嚐這果子吧！」或許，亞當也好想知道夏娃所吃的果子到底是什麼味道，因此也吃了。如此一來，彼此都找到同伴，也就是找到了共犯。相信那時候的夏娃一定非常安心吧！

不久前有個報導，某所國中幾十個人學生集體行竊。最先行竊的學生唆使另一位同學加入他的陣營。而被教唆的這位學生又去慫恿別人參加，不知不覺中增加了許多共犯。不管是好或是壞，和別人不一樣而生起的恐懼與緊張是相當令人難以忍受。或許就因為如此，造成了世界上許許多多的犯罪事件吧！

小偷的始祖

夏娃真可謂是小偷的始祖吧！從不許碰、摘樹上的果子，到不但拿了，還吃了這果子。拿取被禁止的東西，而且這東西並不屬於夏娃，是屬於上主的。不僅如此，夏娃還說服亞當偷吃，變成了自己的共犯。

幾年前的秋天，我曾到山形縣演講。當我驅車前往天童的途中，經過了一片蘋果園。一大串成熟的蘋果，從果園延伸到道路上來。「這蘋果看起來很好吃的樣子耶！」當我一個人在自言自語時，開車的司機說：「我去摘幾顆過來給您好嗎？」聽他這麼說，我倒是有點慌了：「不行！不行！這可是別人家的蘋果啊！」司機卻說：「您說什麼？摘一兩顆蘋果應該無所謂，若是想拿多一點回家就太對不起人家了，拿幾顆吃一吃又沒有關係。」

即使是現在，我也沒有停車去摘蘋果的想法。「摘一兩顆蘋果應該無所謂」這種感覺，遠從亞當和夏娃的時代就已經深植於人心吧！關於這點我實在有相當大的興趣。總之，亞當和夏娃可說是小偷的始祖啊！

其實，當我研讀〈創世記〉時也曾經感到疑惑。（雖然不曉得到底是何等重要的一棵樹，但他們不過是偷吃一兩顆果子而已。我們覺得偷吃的行為是可以原諒的，但是為什麼上主卻無法原諒亞當和夏娃，又將他們逐出樂園呢？）

我想當老大

亞當和夏娃並非肚子餓得無法忍受，而去吃不准吃的果子；也不是這個果子看起來太好吃了，不去吃受不了。（希望變得和上主一樣。）為了這種不單純的想法而吃了被禁止的果子。當本身覺得像上主一樣的時候，也就是想把上主從座位上趕走，取而代之。想取代上主的下場是人類被趕出了樂園，由此可知，其實上主絕對不是一位嚴苛的上主。

不過在此我有一個疑問，就是當亞當和夏娃想變得和上主一樣，因此犯了偷吃被禁止的果子，以及沒有反省道歉，這兩項罪過究竟哪個比較嚴重？我認為犯了錯卻沒有反省道歉比較嚴重。各位讀者您覺得如何？好好思考我們生活上的點點滴滴時，應該會認同我的想法。

舉個例子，一個約十二、三歲的孩子從媽媽那裡偷了一千日圓。他偷錢時一定緊張得心裡七上八下。他趁著媽媽不在，偷偷摸摸地接近媽媽的錢包。接著巡視一下週遭的狀況，以最快的速度偷走一千日圓，再確認錢包是否保持相同的位置。當他偷了錢，一定擔心會不會被逮到、或是很後悔自己不該偷了錢。之後又想想，其實現在還來得及，趕快把錢放回媽媽的錢包吧！不！錢包裡還有好幾張千元大鈔應該無所謂。既然偷了也就算了，沒有必要再放回去了。不對！還是趁沒有被發現之前趕快把錢放回去才對。心裡反反覆覆、非常猶豫。不過，要是真的被媽媽發現了，他的意志反而會變得很堅定。比方，媽媽說：

「奇怪，少了一千塊錢。你知道在哪嗎？」

「我怎麼會知道？」

「是嗎？」

「是啊，我哪有可能知道。」

這個孩子在說謊。

「可是你以前也從媽媽的錢包裡偷過錢，不是嗎？」

「那好啊，若是你覺得錢是我偷的，那就算是我偷的不就好了。」

當這個孩子理直氣壯地說著，媽媽從他的口袋裡發現了一張千元鈔票。

「這到底是怎麼一回事？」

當被媽媽質詢時這孩子只是擺著一張臭臉，什麼也不願回答。

（呸！真倒楣！被逮到了！）

「果然是你偷的。」

「……（是我又怎樣？）」

「為什麼偷錢呢？」

「……（零用錢不夠啊！）」

「即使是自己父母的錢，偷拿了就是不對的行為啊！」

「……（這又不是別人家的錢。）」

「你必須道歉！」

「……（傻子才道歉！）」

「為什麼你都不吭聲呢？真是頑固的孩子，連道歉也辦不到。」

「……（吵死人了，只不過是偶爾拿個一千日圓而已。真是囉哩囉唆！）」

結果這個孩子只是擺著一張臭臉，說什麼也不願意向媽媽道歉。當自己犯錯而尚未被發現時，他仍然很緊張害怕；一旦罪狀曝光了，反而擺出一副理直氣壯、不屑的模樣。

這也就是外遇男人的心態吧！在被發現之前總是很緊張害怕，一旦被逮到，則是表現出一副自己沒做錯事的模樣。

愛幫助我們面對痛苦

為什麼明明是自己犯錯了卻擺臭臉、或裝出一副理直氣壯、不肯道歉的模樣？為什麼無法坦白地認錯呢？這是因為不認為自己的行為是錯誤的，沒有犯錯的自覺，所以沒有反省、或是表達歉意的必要。其實，即使是我也一樣，就算自己犯了錯卻缺乏認知。這些在拙著《尋道記》以及《在光明之時》都提到了。

我二十三歲的時候跟一位先生訂婚，可是不久後我的結核病發作，三年後與他解除婚約。其實，在那時候已經有一位前川正先生在我身邊了。數年後，這位和我訂過婚的先生幾乎每天都到病院看我，當時他已經結婚了。其實我應該拒絕他的探訪才對。假使他的妻子知道他每天都去醫院看之前解除婚約的女人，不知道會多麼傷心啊！但當時我並不覺得自己有什麼錯。我根本不認為接受探訪會傷害到他人。同樣的事情若是發生在別人身上，自己可能就跳出來加以糾正；但發生在自己身上時，卻覺得自己沒錯。「不認為犯的錯是種罪過」——以這句話來形容我的心理最貼切不過了。當我察覺到良知的遲鈍時，我便領洗了。罪過除了獲得赦免外，別無他法。

我們所犯的罪過，就是明明知道自己是罪人，卻又不承認自己是罪人的傲慢心態吧！亞當和夏娃也一樣，明明犯了滔天大過，卻又不願意承認自己所犯的過錯，而且他們並沒有在上主面前祈求原諒。亞當甚至覺得，都是上主和夏娃的錯。夏娃則是認為，是蛇騙了我，都是蛇的錯。反正千錯萬錯都不是自己的錯，都是別人的錯。

假使，亞當和夏娃兩人曾想對上主篡位，而後發自內心向上主認錯，我想，上主一定會原諒他們，因為他們還擁有與上主溝通的空間。遺憾的是他們太自我了，以致於沒有辦法向上主認錯。

明明犯了錯卻無法認錯，不就是一件無法原諒、確確實實的罪過嗎？研讀〈創世記〉這些章節，想像著那條蛇面對著上主的時候，不禁令我感到相當有趣。蛇並沒有向上主辯解說：「我並沒有叫他吃啊！」沒有其他的解釋、沒有道歉，也沒有嫁罪於他人。蛇是撒旦，也就是魔鬼的化身，牠應該相當清楚自己所犯的罪是何等的可怕。正因為撒旦真了解何等可怕，而以非常卑鄙的手段把人類推向罪惡的深淵。

「**你信只有一個上主嗎？你信得對，連魔鬼也信，且怕得打顫。**」《新約聖經》〈雅各書〉第二章第十九節裡談到撒旦最懼怕的是上主，上主不也是相當清楚嗎？但是撒旦並沒有把上主當作神聖而敬仰，反而與上主敵對。知道上主是神聖並且是唯一真神的撒旦，牠在上主面前，一句辯解也沒有。關於這一點我倒覺得人類不如撒旦，沒有搞清楚自己所面對的就是至聖的上主。

——撒旦【撒殫】

——〈雅各書〉【雅各伯書】

為此，蛇變成了受到最嚴苛詛咒的動物。《聖經》裡記載，上主令蛇和夏娃彼此為仇，兩者的後裔也將彼此為仇。當然還有提到夏娃的後裔要傷害蛇的頭，蛇要傷害他的腳跟等等。

不過這裡提到的夏娃的後裔，據說是指耶穌基督。也就是說，這句話可以視為耶穌基督將要完成救贖的第一個預言。其實在這短短的談話中，上主在處罰人類之後，隨即應許了另一個充滿希望的救贖。

有耐心的上主

反正，亞當和夏娃就這樣犯了罪又不反省認錯，因而被逐出了伊甸園。當時上主對亞當說：「因為你聽了妻子的話，吃了我禁止你吃的果子，為了你的緣故，地成了可咒罵的；你一生日日勞苦才能得到吃食。地要給你生出荊棘和蒺藜，你要吃田間的蔬菜；你必須汗流滿面，才有飯吃，直到你歸於土中。因為你是由土來的；你既是灰土，你還要歸於灰土。」（〈創世記〉第三章第十七到十九節）這說明了人類自己招來不幸而自食惡果。常有人說《舊約》時代的上主是易怒的上主，我卻有個疑點。當亞當和夏娃被逐出伊甸園時，上主還用皮革做衣服給他們穿。我在想，上主仍舊深愛著最初創造的人，既要他們吃苦，卻又為他們製作了衣服，其實就表示當時上主為了世人做好萬全的準備了，不是嗎？

的確世界上存在著許多超乎我們所能理解或想像的苦難，看看活在這個世界的人們，即使把人類殲滅殆盡，也沒有任何人具有向上主抱怨的權利。有句話說天誅地滅，若是上主真的要對亞當和夏娃處以嚴苛的刑罰，當時祂大可直接殺掉他們就行了。從這裡看來，《舊約》時代的上主不是易怒的上主。與其說是易怒的上主，不如說是有耐心的上主。

當我看到時下的年輕人，總會覺得他們真辛苦，因為未來的五、六十年，他們將活得相當艱苦。看看這些日漸增多的犯罪事件，想在真理中存活是愈來愈困難了。加上在生活中必須面對許多誤解、痛苦、背叛等等，若是人不得不背負著這些罪過活在世界上，但是卻又不能死的話會如何？光是想一想就叫我受不了。

《聖經》裡提到，上主為了防止人類偷吃，便在伊甸園的這棵生命樹周邊設置了四面轉動發火燄的劍，又在伊甸園的東邊安設基路伯③保護這棵樹，我想這也是發自上主對世人的愛吧！假使亞當和夏娃先吃了生命樹的果子，再吃知善惡樹的果子，情況會變得如何？沒有罪的人一直存活下去固然很好，但大家還是希望有罪者的生命是有限的吧！不過，無論是什麼樣的人，若是能活上幾千幾萬年，想必也會殺人、也會作奸犯科犯下種種罪行吧！

上主以新的道路，即是藉著耶穌，經由聖靈，為我們安排救贖的方式。藉由耶穌的愛，讓我們從崎嶇之路中得知上主的愛，進而懂得如何感謝並讚美上主。

——聖靈【聖神】

③ cherubin，超乎人類力量的象徵，或說是天使的一種等級。

其實還有一點令我感到懷疑不解。之前我也談過這件事，即是「為什麼上主要種一棵可以分辨善惡、但是卻叫人不可以吃的果樹呢？」還有，「這棵樹所結的果子是要給誰吃的？」

我想只是時候未到，也許有朝一日上主會讓人吃這些果子吧！這個道理就像不可能給剛出生的小寶寶吃牛肉、或者是花生一樣。吃某一樣東西的時機是很重要的。上主必定已選擇好適當的時機，讓人類品嚐這棵分別善惡樹的果子。若是順從上主的旨意，相信在恰當的時機上主會將這果子賜給人類才對。

某次禮拜時牧師這樣說：「一般基督徒可能覺得，牧師這個行業比一般人可以更輕鬆地度信仰生活，也許很羨慕也不一定。可是我要告訴你們，關於信仰生活，即使是牧師也不是如此容易遵循或達到的；就算是在信仰基督的國家也是一樣。身為一個人，不管是在什麼樣的環境，即使具備了生存在這個世界的基本條件，在信仰的世界裡還是叫人非常迷惘的。」

當時我覺得牧師說得很有道理。就算出生在基督徒家庭，不見得每一個人就領受上主的旨意、或接受相同的信仰。即使在牧師的家庭、或是信仰堅定的基督徒家庭裡，多多少少也會出現信仰不一樣的家族成員。

但是，才讀〈創世記〉的前三章而已，隱約地叫我了解到某些事。即是和上主一起生活在樂園的亞當和夏娃，不聽信上主所吩咐的，卻寧可相信蛇所說的。創造了自己的上主明明就站在眼前，可是內心卻沒有實實在在地敬仰祂、沒有誠心誠意地相信祂。不相信上主，即使生活在樂園裡，或是在非常完美的環境中，一旦有了誘惑，也無法超越誘惑而更加深信仰。上主讓我們擁有自由選擇的意志，這又包含著何等深刻的意義，這也不是一兩句話就可以解釋清楚的。

再說，為什麼當初上主沒有把人創造成一個不會叛逆的人呢？相信我們有時候會這麼想。不過，在轟勇一先生的大作《一百個新的問題》當中，有個例子讓我覺得比喻得非常恰當。有位當權者使用許多不法手段得到了自己所喜愛的女性，他告訴這位女性：「我非常的愛妳。只要妳願意留在我的身旁，妳想要什麼，我都可以成全妳。但是妳絕對別想離開我。」這個比喻告訴我們，這位當權者只會利用自己的權力來滿足私自單方的愛戀而已。可是強制手段和無理的強硬要求，稱不上是愛。真正的愛是彼此的交融，並且尊重對方的自由和自發性。

在此我又重新理解，我們所承擔的「要回報上主的愛」的責任是何等重大啊！

Q3 該隱與亞伯——你跟誰計較？

三浦綾子：《舊約》告訴我的故事

當我進入女學校（現在的國中）時，所讀的第一本小說是德國小說家赫曼・赫塞（Hermann Hesse）的《徬徨少年時》。書中提到「該隱的記號」。老實說，當時我才十三歲，無法了解這句話到底是什麼意思。

而且在那個時代，我還知道有島武郎先生的一本小說叫做《該隱的後裔》，那時候對這本書相當有興趣，很想知道該隱到底是誰。這位該隱其實就是亞當和夏娃的長子。不但如此，他也是人類史上第一位殺人犯，而被害者還是他的親弟弟亞伯。

上主用塵土創造亞當和夏娃。他們兩人被逐出樂園後，產下的第一個孩子便是該隱。也就是說，該隱是第一位經由性行為而出生在世界上的人；也可稱之為人類史上的第一個人。這位人類史上的第一個人，居然犯下了殺人罪，我因而對於人心的可怕以及罪惡之深，感到相當的恐懼。

——該隱【加音】

——亞伯【亞伯爾】

不公平！

為什麼該隱殺掉唯一的弟弟亞伯？讓我們來看看《舊約聖經》〈創世記〉第四章第二節之後的部分。

……亞伯牧羊，該隱耕田。有一天，該隱把田地的出產作祭品獻給上主；同時亞伯獻上自己羊群中最肥美而又是首生的羊；上主惠顧了亞伯和他的祭品，卻沒有惠顧該隱和他的祭品。因此該隱大怒，垂頭喪氣。上主對該隱說：「你為什麼發怒？為什麼垂頭喪氣？你若做得好，豈不也可仰起頭來？你若做得不好，罪惡就伏在你門前，企圖對付你，但你應制服它。」事後該隱對他弟弟亞伯說：「我們到田間去！」當他們在田間的時候，該隱就襲擊了弟弟亞伯，將他殺死。（第四章第二到八節）

上述是人類史上第一樁殺人事件的經過，事發原因是關於獻給上主的祭品。該隱務農，所以他將「田地裡出產」獻給上主；弟弟亞伯則是獻上「羊群中最肥美而又是首生的羊」。結果，該隱所獻上的東西上主連看也不看，而喜悅亞伯獻上的祭品。

起初我讀到這裡時覺得相當不可思議，上主既然愛世人，為什麼又做出這樣讓人覺得可憐的事？該隱將辛苦流汗耕種出來的東西獻給上主，然而上主卻比較喜歡亞伯所獻上的祭品，明顯的不公平。所以我很同情該隱，覺得他應該生氣。

我想誰都不喜歡不公平的事，每個人都希望得到同等的待遇。我當小學老師時發生過一件事。那一年，我從鄉下的學校轉任到旭川的學校，擔任高等科一年級的老師。當時我曾對班上的學生說：「若是對我有什麼要求，請告訴我。」學生們居然異口同聲地說：「請您不要做偏心的老師。」其實學生們已深切體會到，不公平待遇不但傷害彼此的心，更把人折磨得灰心又不快樂。

上主是公正的，所以不可能會做出不公平的事。若真是這樣，上主為什麼只祝福亞伯獻上的祭品？曾經有機會和藤尾英二郎老師一起學習《新約聖經》〈希伯來書〉第十一章的部分。老師說，在〈希伯來書〉第十一章裡面「因著信德」、或「因這信德」

出現了二十四次。而在這二十四次中有句話是：「因著信德，亞伯向上主奉獻了比該隱更高貴的祭品；因這信德，亞伯被褒揚為義人，因為有上主為他的供品作證。」（第十一章第四節）

誰比較虔誠？

再深入研讀〈創世記〉第四章，寫著亞伯「獻上自己羊群中最肥美而又是首生的羊。」而該隱則是「把田地的出產作祭品」獻給上主。也就是說，該隱所獻上的不是頭一次收成的作物，因為《聖經》上並沒有描述該隱把「晶瑩飽滿又完美的作物」做為祭品獻給上主。

亞伯把「首生的」、以及「最肥美」的羊獻給上主，我確信這是因著信德而奉獻的。亞伯是懷著深深的感謝與真心的懺悔，藉由自己的信仰慎重選擇了祭品奉獻。該隱不但沒有感謝的心，就連求上主赦免自己罪過的態度也沒有；也就是該隱所做的「不是信仰層次」的獻祭。

「沒有信德，是不可能中悅上主的。」（〈希伯來書〉第十一章第六節前半）對我而言，《新約聖經》裡面再也沒有一句話會比這句話更嚴苛吧！這句話使我了解，為什麼該隱所獻的祭品無法得到上主的喜悅了。上主並非不公平，而且不是看人的「外表」以貌取人，而是看人的「信仰」來判斷的。

該隱獻祭卻無法得到上主的喜悅這個例子，也常常發生在現代。大家到神社或寺廟丟個十塊日圓的香油錢，然後祈求「家庭和諧、生意昌隆、無病消災」等等。「反正才十塊錢，能求多少就祈求多少。」類似這樣的事，一些說相聲或是搞笑藝人，也常拿來當成笑點。其實有些基督徒的奉獻心態，也發人省思。像是有些人會談到，或是偶爾會聽到有人說：「每個月得支付這麼多的奉獻……」好像是種很大的負擔似的。

曾經聽過這樣的例子：有一位信徒每個月領到薪水之後，馬上拿出所得的十分之一放入奉獻袋，帶領全家人一起吟詩讚美，向上主獻上感謝的禱告。不但如此，這位信徒還特地拜託公司的會計放一些新鈔在他的薪水袋裡，讓他做為奉獻之用。說來真是慚愧，當我在準備月定奉獻的獻金時，幾乎沒有做任何的懺悔、或是感謝的禱告。

有一首頌吟詩歌是：「凡是來自上主，我們由聖手領受；也奉回上主的聖手。」我從來沒有以詩歌中謙遜的態度奉獻，總覺得這是自己努力工作，是自己換來的血汗錢。有時候外子三浦光世會一邊說、一邊唱著這首頌吟詩：「要感謝喔！綾子，凡事都要感謝。」然後，我就急急忙忙地說：「喔！是啊，是啊」應付幾句。說著也是說著，只有在作禮拜奉獻時才會禱告罷了。

亞伯並沒有被任何人強求，而是心甘情願地，從自己所飼養的羊群中挑出首生的、也是最肥美的羊來獻給上主，我覺得這正表達一種非常美好的信仰。最肥美的也就是指最上等最好的東西，加上謙虛以及感謝的心，亞伯將這些全部獻給了上主。因此上主為亞伯所獻的祭品感到歡喜，並且眷顧亞伯。

但是作哥哥的該隱卻憎恨對上主信仰堅定的弟弟亞伯。這樣的該隱，有著和現代人類相同的樣態。在我們的日常生活中都會碰到像該隱這樣的人。

討厭和自己不一樣的人

假設有兩個人同時進入一家公司。其中一個人每天都是最早進到公司，很賣力地工作並且認真學習，對前輩們都很有禮貌，因此常常被誇獎；另外一個人看到之後心裡不知做何感想？

（嗯，這個人真是不簡單。我實在應該向他看齊才對。）他會打從心底真心讚美並且佩服這個人的作為嗎？我想會這樣誠心誠意地思考的人應該不太多吧！大多數的人應會覺得不愉快，逐漸地產生厭惡感吧！

在《新約聖經》〈腓立比書〉第四章第八節裡有句話：「**不管是美德、不管是稱譽，……這一切你們都該思念。**」要人們正視一件值得讚美的事並不容易。反正，正直的人、較優秀的人總是比較會惹人厭惡。人類是很奇怪的，若是有人和自己不一樣，就很討厭這個人。

——〈腓立比書〉【斐理伯書】

該隱一定是想著：「畜牲！亞伯這個傢伙！」先是忌妒進而產生憎惡感。若是該隱將上主當作造物主而敬拜祂，對上主百分之百順服，當他知道上主祝福亞伯時，想必能很謙虛地自我反省。然而該隱傲慢並且不相信上主是正確的，更不把上主的忠告放在眼裡。上主這樣告誡該隱：「**你若做得好，豈不也可仰起頭來？你若做得不好，罪惡就伏在你門前。企圖對付你，但你應制服它。**」（第四章第七節）

若不是真心悔改，而只想要壓制自己犯罪的念頭，就是讓罪過引來其他的罪過。當該隱想壓制自己犯罪的念頭時，卻又因為內心充滿了憎恨，因此他將亞伯引誘到田間，並且殺害。

不過換句話說，若是亞伯沒有足以被上主祝福的美好信德，就不會被殺害了也不一定。亞伯有太美好的信德，才招來殺身之禍，也因此有人稱亞伯是最早的殉道者。從亞伯到現在，多少人因為信仰而犧牲了自己的生命成為殉道者？在一九六八年發生偉大的金恩牧師（Martin Luther King, Jr.）事件，這是因為信仰導致金恩牧師被殺害。該隱殺亞伯，揭開了人類歷史中因不順從上主的旨意，而引起血淋淋殺人事件的序幕。但是更讓我注目的是，這些犧牲反而是聖潔的，並且證明了他們堅定的信德。

那麼該隱這位殺人犯之後變得怎麼樣了？〈創世記〉這麼記載著：

> 上主對該隱說：「你弟弟亞伯在那裡？」他答說：「我不知道。難道我是看守我弟弟的人？」上主說：「你作了什麼事？聽！你弟弟的血由地上向我喊冤。你現在是地上所咒罵的人，地張開口由你手中接收了你弟弟的血。從此你即使耕種，地也不會給你出產；你在地上要成個流離失所的人。」（第四章第九到十二節）

該隱是個務農的人，看樣子，即使他再怎麼努力耕作，也不會有什麼好收穫吧！他失去了自己的工作，而且必須離開自己的土地成為一個流浪者。

看到這樣的下場，我不禁頻頻嘆氣感到無奈。亞當和夏娃吃了不該吃的果子，結果被驅逐出伊甸園，接著是兩個人所生下的孩子。雖然他們都很賣力地工作，但弟弟被哥哥殺了，而哥哥則被放逐，成為一個流浪者。對亞當和夏娃而言，最悲慘的莫過於同時失去了兩個孩子。父母被趕出了樂園，而孩子更慘，被上主趕出了父母所居住之地。這個悲劇是亞當和夏娃不順服上主，與自我的傲慢所衍生的。當然，亞當和夏娃一定向該隱和亞伯交代過關於上主的事。

「當我們在伊甸園時每天都和上主生活在一起，那個時候實在好幸福啊！」

「和上主生活在一起的那個時候，每天都非常平安。」

「上主就是公義正直的，也是神聖的。」

亞當和夏娃被驅逐後辛勤工作流得滿頭大汗時，一定非常想念以前在伊甸園的生活。他們心裡一定很後悔，好想回到上主的身旁才對。其實我覺得，當亞伯聽到父母親談論過去的日子時，想必比他的父母更難過，也因此使得他一心想追求上主的國度；但是，該隱可能在心裡咒罵著被驅逐出伊甸園的父母吧！

關鍵就在找到位置

在〈創世記〉第四章裡，上主對該隱提出了四個質問，我對這幾個問題感到非常有興趣。

1「你為什麼發怒？」
2「你為什麼垂頭喪氣？」
3「你弟弟亞伯在哪裡？」
4「你作了什麼事？」

這幾個問題使我想到，上主曾經對該隱的父母——亞當和夏娃問過一個非常重大的問題，那就是：「你在哪裡？」這樣的一個問題。英國詩人艾略特（Thomas Stearns Eliot）曾說：「動物是令人感到身心愉快的好朋友。牠們不會問你一些問題，也不會作任何的批判。」艾略特不愧是位偉大的詩人，用他犀利的眼光看透了人性的內在，洞察了人類不喜歡被質問的特性。其實不用多想也可以知道，一般人都不太喜歡被問問題。但是為什麼人總是不喜歡被質問？那是因為他人所提出的問題裡，太多是自己所無法回答的。

「你的興趣是什麼？」、「你從事什麼樣的工作？」、「你有幾個孩子？」、「你住在哪裡？」類似這樣的事，只要不是太複雜的問題，回答時並不會太痛苦。類似：「你幾歲？」、「你的薪水是多少？」這類的問題，對有些人而言會感到有些不適了，若是深入詢問，更會加深他們的痛苦。但是對於人類而言，別人對我們的這些詢問並不是什麼重大的事。更重大的事，是上主對我們的詢問，以及我們給上主的答覆。為什麼？上主不像普通人一樣問我們家的地址、興趣、有幾個孩子等等一般人所提出的問題。上主的問題一定是有關於「最核心意義」的問題，而這樣的問題是作為「人」

無法不面對、不回答的。

我在教會學習到的是，亞當和夏娃被上主問到：「你在哪裡？」這句話，其實也是長久已來上主一直對人所提出的一個問題。

「你在哪裡？」這個問句是指「你站在哪裡？」、「你的立場到底是如何？」、「你是屬於哪裡的？」的意思吧?!

「我一直都站在上主面前」、「我屬於救世主耶穌基督」……不論何時或是身在何處，對於任何問題都能夠明確回答的人，必定是個有福氣的人。他們不像亞當和夏娃一樣會逃避、或是躲起來不敢面對上主。

該隱對於上主問他的四個問題，當中有三個他沒有回答。「你為什麼發怒？」、「你為什麼垂頭喪氣？」這兩個問題他沒有回答。該隱因為對於上主以及弟弟亞伯的憤怒而犯下殺人之過，所以對於「你作了什麼事？」這個問題也沒有做回應。唯一有回應的是上主問他的第三個問題：「你弟弟亞伯在哪裡？」

不過，該隱所回答的並不是一個可以讓人接受的答案。該隱回答：「難道我是看守我弟弟的人？」這對該隱來說是個非回答不可的重要問題，他應該回答：「上主！請原諒我吧！我把亞伯給殺了。」告白自己所犯下的罪過，請求上主原諒他的過失。但是，該隱卻謊稱「我不知道」，甚至還加上一句「難道我是看守我弟弟的人？」

人類為什麼無法答覆上主的問題呢？因為人類存活在沒有答案的生活裡。沒有責任感的人養成說謊、或是嫁罪於他人的習慣，無法正視上主並且回答上主的問題。這正顯現出背負**原罪**的亞當、夏娃以及該隱的原形，也就是我們人類的形象。

近人是我們的責任

我因為肺結核及脊椎慢性骨炎的病症，到札幌醫科大學醫院住院接受治療時，西村久藏先生前來探病。他是非常虔誠而受人尊敬的基督徒。五十五歲的西村先生，在札幌經營麵包工廠、糕點茶坊、咖啡館等等，底下的員工將近二百名。他以前是一位老師，所以有很多人仍尊稱他為老師。雖然老師很忙，然而他的細心、對我超越親情的關懷與愛心，即使過世後二十年的現在，也叫我無法忘懷。

有一次西村老師對我說：「每一位認識的人都是屬於自己的責任範圍，因為他們都是上主託付給我們的。」

這句話對於剛皈依基督的我是多大的衝擊啊！但是對西村老師而言，這是他生活中每天必做的一件事而已。一年後西村老師過世了。聽說約有八百人參加葬禮，每個人都痛哭、傷心不已。無法進入教堂弔唁的聽說也有幾百人。這些人當中有一群人總是迴避著其他人的眼光，一看就知道，他們是無法在正常狀態下和我們一樣在社會中生活的人。當看到這群人時，誰都深深地感動並且不禁地想，（啊！原來他們也是老師所關心的一群人啊！）

的確，對西村老師而言，「每一位認識的人都是屬於自己的責任範圍。」上主問該隱：「你弟弟亞伯在哪裡？」時，該隱回答上主：「我不知道。難道我是看守我弟弟的人？」當我讀到〈創世記〉這部分章節時，很自然的讓我想起西村老師。像西村老師這樣的人，絕對不會回答「難道我是看守我弟弟的人」這樣一句既冷淡又沒有責任感的話。

該隱殺掉弟弟亞伯之後，上主馬上對他提出了質問。也許因為這樣，使得該隱更裝出一副和亞伯沒有關係的樣子。先把該隱的事擺一旁，假設今天上主問我們：「你的弟弟在哪裡？」我們會做出什麼樣的回答呢？

所謂的「弟弟」是什麼？簡單的說，弟弟是和我們關係最親近之人的象徵。出生自同樣的父母，並由同樣的父母養育長大，弟弟對我們而言也是最親近的人。當被問到「兄、弟、姐、妹」所謂最親近的人「在哪裡？」時，我們果真能夠負起責任，好好地給上主一個答覆嗎？當被問到：「你弟弟在哪裡？」緊接著又被問到：「你在哪裡？」時，這個問題即是指「你的兄弟姐妹他們的所在地」或是「你的兄弟姐妹他們在哪裡做什麼」的意思。

我有十個兄弟姐妹。當中哥哥、弟弟和妹妹三個人過世了。剩下的七個兄弟姊妹過著七種不同樣式的生活。當中有因中風而住院超過一年半的，也有夫妻感情和睦並且在教會中十分活躍的，總之七個人七個樣式。假如上主問我：「你的兄弟在哪裡？」我可能會很擔心，因為我不知道該從何回答。

這裡我想到耶穌所說的話：「**你當愛近人如同自己。**」（〈馬太福音〉第廿二章第卅九節）除了自己之外，每個人都是我們的近人。父母也好、兄弟姐妹也好、同一個社區的人也好、工作場所的人也好，大家都是我們的近人。《新約聖經》有一個故事說：有一個人從耶路撒冷要到耶律哥，半路上遇到了強盜。強盜奪走他的衣服，並且把他打得半死，最後還把他丟在路邊。偶然有一位撒瑪利亞人經過了這條路，看了這個人

——〈馬太福音〉【瑪竇福音】

——耶律哥【耶里哥】

——撒瑪利亞人【撒瑪黎雅人】

就動了慈心，用油和酒倒在他的傷處，並為他包紮好，扶他騎上自己的牲口，且帶到店裡照料他。第二天這位撒瑪利亞人拿出二錢銀子交給店主說：「請小心看護他，不論餘外花費多少，等我回來時，必要補還你」①耶穌說這個故事是要教導我們，即使是不同國籍的人，對我們也都是我們的**近人**。

當被問到：「你站在哪裡呢？」若是很明確地知道自己立場的人，對於上主提出：「你的兄弟在哪裡？」或是：「你的鄰人在哪裡？」這樣的問題，必然會負起他所應承擔的責任。但是現實生活中的我，連七位兄弟姐妹「在哪裡而且過得好不好」都無法做出明確的回答。假使我能夠說出：「我的兄弟姐妹們都安穩站在上主的面前。」不知道會是件多麼令人高興的事啊！但是至今我依然無法這樣地回答，更別說對於別人了。像西村老師一樣「每一位認識的人都是屬於自己的責任範圍」，用愛心接待他人，這樣的善行若是傳到耶穌基督那裡，將是多麼令人感到榮耀的事。不過這樣的德行，對我而言仍是相當困難的。

擁抱浪子的愛

想一想我自己，與其說是站在和亞伯相同的立場，不如說是比較接近該隱這邊吧！當然，我並沒有奪走過任何人的生命，也沒有殺過人。

我曾經在別的地方提到過，我想我可能是屬於加害者、或是會殺害別人的人。我極為遲鈍的感受時常反應在我強烈的口氣上。若是一個感受性強烈而且敏感的人，就不會像我這樣口氣很衝才對。像我這樣很衝的說話方式，不知道曾經傷害過多少人。所以依照人性的本質來看，我不像亞伯的後裔，而比較像是該隱的後裔，因此我對該隱的下場抱持著超乎常人的關心。當被上主宣告：「你在地上要成個流離失所的人。」殺人犯該隱如何度過往後的生涯？讓我們來看看《聖經》是怎麼描述的。〈創世記〉第四章第十三到十七節是這麼寫著：

> 該隱對上主說：「我的罪罰太重，無法承擔。看你今天將我由這地面上驅逐，我該躲避你的面，在地上成了個流離失所的人；那麼凡遇見我的，必要殺我。」上主對他說：「決不這樣，凡殺該隱的人，一定要受七倍的罰。」上主遂給該隱一個記號，以免遇見他的人擊殺他。該隱就離開上主的面，住在伊甸東方的挪得地方。該隱認識了自己的妻子，她懷了孕，生了以諾。該隱建築了一座城，即以他兒子的名字，給這城起名叫「以諾」。

剛開始研讀《舊約聖經》時，這個部分我實在搞不太清楚。上主到底為了什麼要在該隱身上做特別的記號？（我不知道這個記號到底是長什麼樣子，不過總覺得在該隱的額頭上有個類似釋迦牟尼額頭上的圓形戒疤。）也許上主為了保護該隱而這麼做吧?!而

——挪得【諾得】

——以諾【哈諾客】

① 故事參見：〈路加福音〉第十章廿五節到卅六節。

且，殺害了如此虔誠弟弟的該隱，為什麼上主要承諾他若是被其他人給殺了，殺他的人必須遭到七倍的報應呢？對於這些，我實在覺得非常不可思議。不，與其說不可思議，不如說令人生氣才是。

我們從小到大反覆聽了許多有關善有善報、惡有惡報的故事，或是勸善懲惡這類事情。小時候常常聽到，日本著名的童話故事「猿猴和螃蟹的戰爭」裡的猿猴，最後受到石臼、栗子、蜜蜂的懲罰。或是「石頭山」裡面的狸，後來背部燒傷，而且搭乘的泥巴船沉到河裡等等。這些故事的結局，總是叫我們幼小的心靈有著大快人心之感。但是該隱的故事怎麼變了樣？壞人沒得到應有的懲罰。怎麼看總覺得上主偏袒壞人。上主太過於寵愛壞人了，還幫他做記號，看了就生氣。

上主是神聖的，充滿正義的。所以很單純地覺得上主本來就是正義的一方。當然這是當我站在所謂的正義的一方時的感受罷了。

然而《聖經》所教導我們的是，上主才是唯一的正義。人類從亞當和夏娃背叛上主的時候就有了原罪。特別是我覺得自己屬於加害者類型的人，更覺得我應該是該隱的後裔，因此也逐漸了解上主為什麼給該隱做了特別的記號的意義了。

拿《聖經》的現代譯本，和大約二十年前開始使用的《欽定本》做個比較，可以發現〈創世記〉第四章裡面，有關於該隱的這個部分所做的描述有些不一樣。當我讀《欽定本》時，心頭都熱起來了。因為《欽定本》描述該隱殺害弟弟的心態部分會讓人覺得相當的哀怨。特別是該隱對上主說「我的罪罰太重，無法承擔」這些話時，該隱既後悔又軟弱的表情，就連他的聲音似乎都可以想像。這句「看你今天將我由這地面上驅逐，我該躲避你的面」似乎讓我可以感受到，該隱內心充滿無法言喻的無力感。

當我逐漸有了和該隱同樣是罪人的意識之後，好像終於能夠體會該隱當時的心情。我們人類所犯的罪已和「我的罪罰太重，無法承擔」同等的重了。人類因為自己已無法承擔所犯的罪，因此耶穌基督背負著十字架為我們贖罪，讓我們可以從罪惡中得到拯救。

該隱知道自己犯罪的後果是自己無法承擔或彌補的，當他在此情形下感到相當後悔時，上主在他的身上做了一個特別的記號，用來保護他可以免去被他人殺害的危險。這個記號就像十字架一樣，是個充滿恩惠的記號吧！其實上主的愛是無償的，不求回報的。以前，該隱可能不會特別想要見到上主吧?!但是在這裡該隱寂寞地對上主說：「**看你今天將我由這地面上驅逐，我該躲避你的面。**」這也讓我感到好心酸，讓我想起當我住在療養院時，面對死亡的那種恐懼感。我猜想這種感覺是否也像是一種將被禁錮在無法讚美上主的時空裡的恐懼感？無法見到上主的日子，即使活著，也沒有什麼值得喜悅了。

該隱這個時候終於恍然大悟吧！他帶著上主為他做的記號，開始他流離漂泊的旅程。可是該隱到底經過了多少流離漂泊的日子啊?!上主告訴該隱說：「**你在地上要成個流離失所的人。**」但是該隱並沒有當一輩子的流浪者，因為他後來娶了妻子，並且建造了一座城。上主憐憫該隱的悔改之心，所以沒有懲罰該隱做一輩子的流浪者。

所謂流離失所的人是指居無定所的人、或是沒有特定住處的旅人。雖然我們每一個人都有一個固定的住址、一個屬於自己的家，假使不認識上主，其實和流離失所的人並沒有兩樣，只能過著寂寞空洞的生活也不一定。追求金錢名譽、爭權奪利、或是沉溺在世俗肉慾，當所追求的盡是空洞不真實的東西，這豈不是可稱之為流離失所的人嗎？當回想還沒有皈依基督之前的自己時，對於這樣的感受真的特別深刻。當一位異性朋友很吸引我們時，可能需要讓自己冷靜一下。再次接觸其他異性朋友，又再次冷靜下來。這樣反反覆覆、來來去去的人生，自己也不知道人生的目的到底是什麼？想要追求的又是什麼？既沒有結果又非常空洞的那個時期，回想起來總覺得十分心寒。

談了這麼多，該隱仍是過著不信仰上主的生活而終其一生嗎？有了一次悔改認錯的機會，從上主那裡得到了就像特赦一樣的記號，然而該隱仍舊像以前一樣回到忘了上主的生活嗎？這一點我非常的在意。

為什麼我很在意，因為接下來要談的內容讓我不太能夠接受。「該隱認識了自己的妻子，她懷了孕，生了以諾，該隱建築了一座城，即以他兒子的名字，給這城起名……」為什麼我說我不太能夠接受，因為上主創造了亞當和夏娃，他們生了該隱和亞伯。後來亞伯被該隱殺掉了，所以當時所剩下的人類應該只有亞當、夏娃和該隱三個人才對。可是《聖經》裡卻說該隱娶妻又建造了一座城。（喔！原來當時已經有許多人類了？）我當然會產生這樣的質疑。而其他的這些人們，到底是在哪裡生存呢？這些人是不是生存在樂園之外？總之我有太多的疑問了。

我曾經聽過這樣的說法，亞當和夏娃屬於和上主有所接觸的人類，其他地方有一些人類存在著，但是並未和上主有所接觸。可是我還是不明白。不管是《舊約》也好、《新約》也好，仍然有許多類似這樣讓人無法理解的事情存在著。沒有任何的解說，即使做了許多的臆測或聯想，終究還是停留在原地而已。有句話這麼說：「《聖經》並非是一本科學的書，而是一本和人的靈性有關的書。」所以假使不知道自己要從《聖經》上學到什麼，只是反反覆覆地做些無聊（也並不是說真的很無聊）的考察，結果會發現什麼東西也沒有得到。

大洪水之前

話再說回來吧，亞當和夏娃在失去亞伯之後，生下了一個兒子，取名為塞特。塞特也生了一個兒子，起名叫以挪士，並在此時〈創世記〉第四章第廿六節記載：「**那時人才求開始呼求上主的名。**」雖是短短的一句話，我卻認為這是相當有力、而且重要的一句話。這句話正說明人類對於上主的信仰、或是人類和上主之間的交流又重新開始了。以挪士之後，到有名的挪亞和大洪水臨到，這段歷經九代的時間當中，〈創世記〉裡面並沒有記載任何重大事件或傳說。有的話也只不過提到誰生了誰、誰活到了幾歲才去世而已。只有從亞當這一代算起，第七代的以諾，《聖經》裡面並沒有提到他「死了」這句話。〈創世記〉第五章第廿四節：「**以諾時與上主往來，然後不見了，上主將他提去。**」

在《聖經》裡面被說到「與上主往來」的人只有以諾而已。《聖經》裡面關於以諾的生涯描述頂多只有一行左右吧！然而在一些牧師的講道中，我們可以知道以諾偉大的一生。當時的人們相信，因為以諾的堅定信仰使得他沒有死，而是與上主同行而被提上天了。

塞特【舍特】

以挪士【厄諾士】

挪亞【諾厄】

假設我們死了，請某人用一句話來描述我們的一生時，不知道他會寫下什麼樣的話？「故人一生努力賺錢，七十五歲時死去」，或是「故人和某人結婚，生男育女，活到了九十歲而過世」諸如此類的文句吧！還是要摹仿小說家司湯達（Stendhal）②：「活著、談了戀愛、死了。」若被寫為「故人終生信主愛人」的人一定很稀有吧！

從以諾算起到第四代挪亞的那個時代，〈創世記〉第六章第五節記載：「**上主見人在地上罪惡重大，人心天天思念的無非是邪惡。**」上主後悔創造了人，導致上主想要毀滅人類。在那個時代，會學習像以諾一樣信仰上主的，除了挪亞之外，大概沒有其他人了吧?!

② Stendhal，本名 Marie-Henri Beyle。十九世紀文學家，著有《紅與黑》。

04.
挪亞方舟——
留心時代的訊號

在我小學二、三年級的時候，有一本叫做《少年俱樂部》的雜誌，裡面有篇〈挪亞方舟〉的連載故事。當時家裡的環境無法負擔教科書以外的書籍費用，所以只好向鄰居借各式各樣的書籍來看。像月刊之類的雜誌並非每一期都能借得到，所以〈挪亞方舟〉的故事我沒有全部看完。我借到一期的〈挪亞方舟〉裡面正巧有一張圖，是一個很可愛的小寶寶被放在一艘小船裡的插圖。

當時我以為插圖裡小寶寶所搭的小船就是「挪亞方舟」，而且這個想法一直持續到二十幾年後，我開始接觸到《舊約聖經》為止。方舟的日文讀音等於「箱舟」，所以讓我聯想到大概和裝橘子或蘋果的箱子差不多大的小船。可是我完全搞錯了，我看到的是在挪亞之後才出現的摩西，他還是小寶寶的時候被放在小船丟到河裡放生的插圖，而不是「挪亞方舟」的插圖。

——摩西【梅瑟】

洪水快來了！

挪亞方舟的尺寸是長度一百三十七公尺、寬度二十二．八公尺、高度則是十三．七公尺，這些內容詳記在山室軍平牧師的著作《民眾的聖經》裡。方舟的真實大小大概和青函連絡船[1]差不多，跟我想像的實在差距太遠了。反正，人要是有先入為主的觀念，這個想法可能讓自己錯一輩子，實在很可怕。

① 譯者按：日本青森到函館之間的交通船，在一九八八年青函海底隧道開通之後，已功成身退。

《聖經》〈創世記〉第六章裡對於挪亞方舟的故事有詳細的說明，由於這部分的內容比較長，所以在此只擷取比較重要的部分。

上主看見地上的人們日漸增多，而且罪惡事件氾濫。上主後悔創造了人，也後悔創造了鳥類走獸，所以決定除掉這些。但是有個正直的人叫挪亞，在上主面前蒙恩。上主決定只留下挪亞全家人以及成對的動物，其餘都將毀滅。上主要挪亞造一隻分有上、中、下三層的方舟，並命令挪亞帶妻子、兒子媳婦，還有成對的動物進入方舟。

挪亞花了相當長的時間製造上主要他建造的方舟，並依照上主所吩咐的將他的家人，以及成對的動物帶進方舟裡。不久後大雨降臨大地，這場大雨一共下了四十個晝夜，造成洪水氾濫長達一百五十幾天。就這樣，除了挪亞一家八口，還有和挪亞一起進入方舟的動物們，所有活在地面上的生物都遭到毀滅了。

以上是關於挪亞方舟內容的簡單說明。我第一次在《聖經》讀到這個故事，正值在療養院裡開始學習信仰道理時。當讀到只有挪亞自己的家人得到幫助時，我覺得挪亞是個自私自利的人。因為，若是方舟裡能夠容納下成雙成對的動物，也許挪亞家附近的人們也可以到方舟裡躲避洪水才對。眼看所有人類被滅亡的挪亞，與其說他正直，反而該說他是個無情的人才對。

我有個朋友在日本戰敗後想離開樺太島②，而在樺太島擁有漁船的漁夫們也想和家人一起回北海道，所以我朋友希望這些漁夫順道帶他回去。可是這群無情的人毫不猶豫悍然拒絕了他。這些漁船裡面除了搭載漁夫以及其家眷外，都是他們的家財漁具，如果還要載其他乘客，漁夫就得丟掉部分的家當。

後來我這位朋友只好搭乘其他的船隻回到北海道。當他談到這件事時，相當感慨而紅著雙眼說：「原來世界上也有這麼無情的人啊！」所以當我讀到挪亞的故事時，立刻想到這位朋友的事，因為挪亞就像我朋友所遇到的那些冷酷無情的漁夫一樣。現在回想起來其實覺得滿好笑的，不過當時我真的是那麼認真地想。現在的我，對於挪亞有著完全不同的看法。

趕快上船吧！

《聖經》〈創世記〉第六章第九節這麼描述挪亞：「挪亞是他同時代唯一正義齊全的人。」當上主看到充斥著罪惡的世間，便決定要毀滅掉人類。但是上主只要留下挪亞和他的家人，因為挪亞是一位人們所無法想像地篤信上主的人。若是上主對現今的世間悲痛萬分，想要毀滅這世界上的一切時，有一位會讓上主珍惜他，只有這個人不需要被毀滅，到底是什麼樣的人？也許有人認為這個人就是自己呢？再讓我們退一步來想，可以斷言這個世界上不管有幾百人、幾千人或是上萬人也好，自己就是那個上主要留下來，不需毀滅的人，我想不多吧！若是這樣，可以理解到挪亞的信德真是超乎我們所能想像的偉大。

② 譯者按：位於日本北海道的北端，即庫頁島。

挪亞的時代到底是個什麼樣的時代，我也不得而知。但是在上主命令下，建造長一百三十七公尺、寬二十二・八公尺、高十三・七公尺這樣大的方舟，應該是前所未有的壯舉吧！假使有一天，上主要求我們製造一艘前所未見的大船時，不知道我們會如何回應上主的要求呢？「我沒有辦法建造一艘這麼大的船」；或是「這對我而言是個過重的負擔」；還是「非常遺憾，造船並非我個人的專長」。看似謙虛的話語，其實只是逃避上主所託付的責任罷了。

不但如此，這艘船馬上需要使用，而且必須可以浮在海上行駛。不論下再大的雨，總不至於對陸地上造成多嚴重的水患才是。而在遠離海邊的陸地上建造一艘從沒有看過的大船，真讓人覺得造船的人是不是瘋了？而且上主囑咐挪亞：「你要用柏木造一隻方舟，舟內建造一些艙房，內外部塗上瀝青。」（〈創世記〉第六章第十四節）也就是建造方舟需要用到很大塊的柏木，這當然需要一大筆驚人的費用。不只這樣，挪亞他們還要將樹砍下、削平、組合等，這些過程所消耗的體力也很嚇人。在《創世記》這部電影當中，有一個場景是描述當時的人們在嘲笑挪亞和他的家人滿頭大汗、默默地工作的樣子。假使我出生在那個時代，我想我也會嘲笑挪亞他們吧！忠於上主旨意的精神有時候會讓人覺得相當特別，但是有時候也讓人覺得傻傻的。挪亞這麼說：「因為不久將有大洪水要來毀滅人類，所以上主命令我建造大船。」放棄了自己的家業而只專注於建造方舟的挪亞，除了讓人覺得很滑稽之外，什麼也不是。處在人們的嘲笑當中，堅持深信唯有自己相信而其他人誰也不願意相信的事，其實很難做到。現在想起慕道前的自己，也曾經嘲笑過基督徒，就像在嘲笑挪亞的人們一樣。有一位基督徒朋友叫前川正，他為了引導我，常常到療養院來看我。他更是我年少以來的朋友，然而過去我老是嘲笑他，這些事在拙著《尋道記》中曾經描述過。

所謂的「上主」、「祈禱」、或是「罪惡感」，還有其他的「原諒」、或是「得救」等等，每當從他口中說出這些話時，我總會忍不住地笑了出來。而「得信」這個辭彙更讓我變得特別敏感而且反應強烈。我覺得基督徒都是偽善的人，裝得一副很有教養的樣子，令我感到相當厭惡，我也曾因此而臭罵過他。

為什麼我會這樣呢？就因為他相信上主，即是耶穌基督的父親，而我卻不信仰祂。當然他並不會像挪亞一樣的說洪水要來毀滅人類之類的話。但是他相信上主，甚至他每個禮拜天準時到教會禮拜的樣子都讓我覺得很滑稽，也相當反感。但是這樣的我現在居然相信上主了，變成一個相信耶穌基督是我的救主的人了。但是，我到底是有多相信呢？能像挪亞一樣敬仰上主，只相信上主所傳達的旨意而已嗎？

我有時候對於年老後只有我和外子兩個人感到擔憂。「光世，你想我們是否該存點錢才好？」因為每年到了三月報稅時我總是會變得很擔心。

於是外子總會跟我說：「應該先追求上主的國和上主的義吧！若是這麼做的話，必會得到應得的東西。《聖經》裡面不是這樣教導我們嗎？」

但是我又會答辯說：「是啊，《聖經》裡面是這麼寫沒有錯，但是……」

「若是《聖經》裡面這樣寫，還擔心什麼呢？」外子就這麼說了。

（話是這麼說沒有錯，但是如果沒有某種程度的儲蓄……）反正我在心裡還是唸唸有詞地反駁。而且，外子不是會去看存摺的人，所以我曾經想瞞著他偷偷地存錢。反正我是個沒有真正相信上主話的基督徒。稍微添加一些、或是貪一點便宜，反正都配合自己的狀況來做一些比較適合的解釋。這樣半信半疑的情況，總在我身上不斷出現。我的信德無法像挪亞一樣堅定，長期忍受被周圍的人嘲笑，仍投注自己所有的一切，相信上主的旨意而專心致力於建造方舟。

在挪亞那個時代，也只有挪亞被上主命令建造方舟。若此事發生在《新約》時代的現在，又是如何呢？其實上主對於每個人，不分正直或是不正直的人，大概都希望大家能夠搭上方舟吧！其實現代的方舟即是指耶穌基督。經由耶穌基督，人才能夠得救贖。只要有這樣的信心，誰都可以為上主接納而得救。但是，即使上主對於每個人都伸出援手，或是答應賞賜給每個人永遠的生命，對於不相信上主的人，只不過是一些很無知的想法罷了。我也曾經對前川正說過「反正我也不會想要得救」，或是「反正到後來我只會下地獄而已」之類的話。

我想，挪亞大概也向許多人遊說過，邀他們也一起進入方舟裡吧！只是當時的人們只會嘲笑挪亞，不把他所說的當真而已。若真是這樣，挪亞就不是個既冷酷又無情的人。不！我想挪亞眼睜睜地看著這些不聽從他的勸告、而將被毀滅的人們，大概既無奈又難過。不論在哪個時代，信仰來自每一個人的自由意念，而並非是強制性的，即使是在挪亞的那個時代也是一樣。

新生活竟是墮落！

話說回來，當時的世界承受著一百五十天大洪水的侵襲而遭到殲滅，只剩下挪亞的家人，還有一起進入到方舟裡成雙成對的動物們。直到洪水逐漸退去，地面乾了，挪亞一家八口終於能夠離開方舟回到陸地上時，呈現在他們眼前的是什麼也沒有，既荒涼又空蕩的世界吧！當挪亞得知只有自己一家八口得救時，不知道他的心情如何。

當然，他們對於上主的感恩是極大的。〈創世記〉第八章第廿到廿一節裡面說到，他們築了一座祭壇，用全燔祭燃燒祭物來感謝上主。感謝上主，讓他們能夠重新出發來邁入新的生活。對於這些，其實上主也曾經對亞當和夏娃說過類似這樣祝福的話，上主也將這祝福的話賞賜給挪亞：「**在地上多多滋生，大大興旺。**」上主並且說：「**我將不再因人的緣故詛咒地，也不再按著我的作為滅各種的生物了。**」上主將彩虹掛在雲中，做為與大地立約的記號。

因為挪亞一家八口有著高潔的信仰，並且受上主的祝福而得以生存。我想每一個人必然以為，挪亞他們一家人，像在天國一樣過著清高平和的生活。所有的人類當中只有他們八個人存活下來，這正是上主要毀掉所有人類最可怕的預言，使得他們八人同心協力，建造這樣一艘大方舟。這也使得存活下來的八個人能夠高潔堂正，並和平相處的原因吧！這個世界就剩下他們八個人了，我想他們不好好相處也不行吧！

但是，結果到底又是怎麼樣呢？所謂的人類，就算再正直也有其限度，沒有所謂無限的正直。而且，挪亞他們還必須在忍受週遭人們嘲笑的氛圍中完成大工程。然而最終唯一的殘存者，他們的精神必定一直處於高度緊繃的狀態中。像我這樣不是做什麼大事，每天只是關在房間裡寫寫小說的人，偶爾也想溜出去玩耍解放一下情緒。

即使挪亞一家八口再怎麼偉大，按照正常人的情形來看，其實他們並沒有比一般人特別的地方。但是真要說的話，應該是他們一直全心全意地專注於上主交付給他們的使命，所以不能放鬆吧！當然，我只是以一個平常人的角度來想像而已。或許他們覺得，一想到全人類當中只有自己一家人能夠存活下來，所以感到很光榮也不一定。「想一想，當時嘲笑我們的男男女女不都死掉了嗎？我們一家人終究還是和別人不一樣。我們是被上主所揀選的家族。」

他們是否可以斷言，從沒有過類似這樣傲慢的想法出現在自己的腦裡？假如是我，絕對不敢這樣想。為什麼會這樣說？因為大洪水過後有這麼一件事發生在挪亞家中，〈創世記〉第九章裡面有記載著。

挪亞當起農夫來種了一個葡萄園。有一天他喝了園中的酒便醉了，在帳棚裡赤著身子睡覺。迦南的父親含，看到父親挪亞赤身露體的醜態，便到外面告訴另外兩位兄弟閃和雅弗。閃和雅弗倒退著走進葡萄園，因為他們不敢看著赤身露體的父親，於是拿了一件衣物幫挪亞遮住身體。挪亞酒醒，知道了這件事之後，他祝福了閃和雅弗，卻咒詛含的孩子說：「迦南是可咒罵的，給兄弟當最下賤的奴隸。」（第九章第廿五節）

以上的故事，不正給我們一個很大的警告嗎？連上主都認為正直並且給予祝福的挪亞，也有因酒醉而赤身露體的糗事。在我們的家裡是否也曾上演過，像挪亞這樣酒醉出糗的事？我們有時聽說有些人酒後亂事、或是因為酒醉而失態，但是喝醉了而在孩子面前赤身露體的，倒是沒聽說過。其實我不敢說喝醉酒就是罪過、或是不好的信德表現，但是對上主有信德的人不應該喝成這個樣子。喝酒喝成這樣子的挪亞，想必和大洪水之

——迦南【客納罕】

——雅弗【耶斐特】

前的挪亞大不相同吧！

全人類中就只有這麼一個家族免於遭受毀滅。承蒙上主如此大恩寵的挪亞，為什麼到頭來變成這個樣子呢？我的假設是，他不知不覺中變得傲慢自大了吧！其實也可以這麼想，當一個人因上主的恩寵而成為屬於上主的人，卻因而變得傲慢時，正好給予我們這些日漸遠離上主的人一些警告，讓我們也可以藉此反省吧！

上樑不正下樑歪

閃和雅弗不敢正視赤身露體的父親，這是相當了不起的舉動。我想含大概就沒有這麼厚道了。他看到父親赤身露體時，必然一邊露出鬼臉、一邊嘲笑地對著他的兄弟們說：「喂！你們快點過來看，老頭竟然裸著身體睡覺！」假如是大洪水發生之前的含，我想他會很貼心，在還沒有被人發現之前，趕緊拿衣物幫挪亞遮蓋身體才是，但是他並沒有這麼做。為什麼他沒有這麼做？我想這大概是身為父親的挪亞，已經和大洪水之前的樣子不一樣了，所以含也不再尊敬他。也因此，不再尊敬父親的含變成了這樣。

酒醒了之後的挪亞並沒有直接對含下詛咒，而是對含的兒子迦南下了詛咒。為什麼？根據含的態度來推論，我想恐怕迦南和他的父親一樣，對於爺爺也是抱著不尊敬的態度。就因為這樣，原本是一個被拯救的家族，關係卻扭曲走樣，背離上主和充斥詛咒。這些人們的後代子孫，想當然耳，必定又將建造起一個充滿罪過的世界。啊！持守著信仰而虔誠生活，是多麼嚴苛的考驗呀！因為就算皈依了幾十年，也可能在一朝一夕中便失去了所有的一切。

讀挪亞的故事時，讓我覺得相當可怕。就算遇到了什麼障礙或是不如意的事，我知道因上主的恩惠，使我能透過跟隨耶穌基督的腳步而得以生存。但是挪亞並沒有想到自己是被召選而得以生存，是具有特殊價值的人。若是他理解到自己是藉著上主的恩惠而得以存活下來，那他的信仰將讓人覺得充滿光輝榮耀。畢竟人是因為蒙主恩寵才得以存活的。我必須在此確認，挪亞建造的方舟並非是挪亞的功績，其實這是一艘充滿上主恩寵的方舟才對。

05 巴別塔——人定勝天？

三浦綾子：
《舊約》告訴我的故事

大概三年前吧！八個亞洲國家的基督教圖書出版相關業者在東京舉辦了一場集會，我榮幸受邀到場演講。當時會場負責人問我：「需要翻譯人員嗎？」我回答他：「如果大家都聽得懂日語就不需要了。」會場負責人聽了只是笑一笑，幫我安排了一位翻譯員——日本基督教團鶴川學院的高見敏弘老師。托高見老師的福，即使我拙劣的演講內容，也可以讓會場的人得到感動，之後的座談會中，與會者談論一些更深入、引起共鳴的話題。很遺憾，我不會說英語（啊！如果我也能說一口流利的英語……），當時的我真的好感慨啊！

在那次演講之後，陸續有夏威夷或是洛杉磯的團體邀請我去演講，真的很遺憾，我全都婉拒了。當然，我的身體不好是原因之一，再者我的語文能力不好，所以一想到出國就讓我畏首畏尾。當時我總會很認真的想（為什麼這個世界上會有這麼多的語言呢？）假使世界上的每個地方都使用相同語言，人與人之間都可以自由交談，也會變得更快樂才是。

什麼？摩天大樓垮了！

這個世界為什麼會有這多的語言？在《舊約聖經》〈創世記〉第十一章第一到九節詳細的記載著。內容不是很長，在此我引用其內容來說明：

當時全世界只有一種語言和一樣的話。當人們由東方遷移的時候，在示拿地方

……——示拿【史納爾】

找到了一塊平原，就在那裡住下了。他們彼此說：「來，我們做磚，用火燒透。」他們遂拿磚當石，拿瀝青代灰泥。然後彼此說：「來，讓我們建造一城一塔，塔頂摩天，好給我們作紀念，免得我們在全地面上分散了！」上主遂下來，要看看世人所造的城和塔。上主說：「看，他們都是一個民族，都說一樣的語言。他們如今就開始做這事；以後他們所想做的，就沒有不成功的了。來，讓我們下去，混亂他們的語言，使他們彼此語言不通。」於是上主將他們分散到全地面，他們遂停止建造那城。為此人稱那地為「巴別」，因為上主在那裡混亂了全地的語言，且從那裡將他們分散到全地面。

——「巴別」【巴貝耳】

因為這樣，世界上有多種語言。假如沒有發生這件事，可能現在大家都使用同一種語言。這個世界上也就沒有日語或法語、英語還是希伯來語。如此，世界各國的學校裡不用教導外國語，學生也不用一邊看著單字卡一邊背單詞，升學考試也可以變得更輕鬆了。

不對！不單如此，人與人之間變得能夠彼此相互理解，更可以增進各國之間的友誼，國際問題也將和現在不一樣。其實我真的認為這個世界應該只使用一種語言才對。但是，人類之所以失去單一的語言，是人心傲慢所造成的。

前面引用《聖經》裡提到，「讓我們建造一城一塔，塔頂摩天，好給我們作紀念，免得我們在全地面上分散了！」這正好表達了當時人們內心的想法。然而，他們這個心願變成了什麼樣子？停工了，要建造的城和塔都沒有完成，糟蹋了名聲，更使得人群分散在各地。

人想比天高

那麼，他們所說的天到底是指哪裡？當我們仰望山峰的時候，山峰上面便是天了。但是就算我們爬到最高峰，躡足伸手，也無法碰觸到天。天的高度是無限的，人類的手無法碰觸之處就叫做天吧！而想要建造巴別城的人們，他們的目的是想要接近上主的地方吧！明明是人卻想要作一些超越人類所能，踏入上主領域的事，因為人想擁有和上主一樣的地位。這是人類常有的傲慢想法，也顯示人類已經陷入自大傲慢之處。

亞當和夏娃當時為什麼被逐出伊甸園？因為當時蛇在一旁唆使他們，只要吃了知善惡樹上的果子「眼就會開了，將如同上主一樣知道善惡」。巴別塔的故事也和始祖犯了相同的錯誤。因為這些人的心裡盤據著「希望自己像上主」、「想變得和上主一樣」的傲慢念頭，這是上主絕對無法原諒的事。然而人類似乎早已忘記了，傲慢正是人類所犯下的第一個罪過。

每個人自我反省時，容易忘記自己只不過是一個人而已，當然我也不例外。明明昨天下定決心，今天又變卦了；決定不再變卦的事，隔天可能又有了變動，類似這樣翻來覆去著。有句諺語：「好了傷疤忘了痛。」正好說明了這樣的心理。再說《聖經》這麼寫著：「**遂拿磚當石，拿瀝青代灰泥**」這些劃時代的技術足以證明當時人類文明的進步。人類是很奇怪的，我總覺得人類每次發明了一樣新的東西，就變得比以前更愚笨，因為總會表現出「再也沒有像人類這樣偉大的了」或是「沒有人會比我更偉大」這樣的想法。

我想當時的人們也是一樣，在智慧有進步的時候便想「建造一座摩天塔」，想進入上主的領域，要脅並對上主耀武揚威。所謂「塔頂摩天，好給我們作紀念」，這是當時的人們覺得自己比上主了不起，所以要傳揚自己的名聲吧！每次去東京，當我看到三十六層樓、還是四十四層樓的建築物，都讓我想起巴別塔的故事而覺得可笑。在東京就有這樣的想法，若看到紐約的摩天樓時，不知道我又有什麼樣的反應。當然這些建築物並非為了入侵上主的領域而建造，只是人類做的一些事有時候會讓人覺得像傻瓜一樣①。

插進一個題外話。日前新聞報導，東京發生了震度四級的地震。其中有一則提到，地震後一些在高樓的人們臉色發青，聚集到年輕警衛人員的身邊，問他：「你沒事吧？」這位警衛乍看之下有點像警察，但是他穿起制服比起警察要來得嚴謹得體多了。如果他們只是穿著一般便服，就跟穿牛仔褲的年輕人沒有什麼太大差別。這位警衛不可能知道上下擺動的地震會不會再增強、或者逐漸平靜下來。就算是一位警衛人員，搞不好本身就是一個極端細心的人。所以當人們聚集在和自己沒有什麼差別的警衛旁邊，並且問他：「你沒事吧？」雖說這樣的心理有點可笑，但是這也正好反映出我們人類的心態。這只是個題外話，假使發生了地震或是火災，在幾十層樓高的建築物裡，卻找不到可以逃生的路，實在叫我很難想像，這是聰明的人類所建造出來的東西。順著我剛剛提到的那個題外話，其實也不單指高樓而已。像是東京或大阪，當我看到這些大都會的景觀，總覺得這又是另一些愚蠢的東西。以前我曾經在其他的文章提到，為什麼人要勉強聚集在某一個地方呢？而且，就算曬太陽的權利、走在鬆軟土地上的權利被剝奪了，也毫無怨言的鑽到地面下搭地下鐵、或是在硬梆梆的高速公路上開車奔馳著。這是有智慧的人類該有的樣子嗎？我實在不太相信。假使建築要問了上主之後才能建造的話，我想上主不要人類住在這樣可悲的環境才是。

人不就是神嗎？

上主賜給我們乾淨的空氣以及清澈的水、綠油油的山野、溫暖的陽光、雨水、微風、細雪，還有遼闊的天空。但是從以前開始，人只要發明了一樣新的東西就變得比以前更愚昧，到現今的社會也是一樣。

「就算有些故障也沒關係，先飛了再說吧！」飛機因而墜機，導致許多人失去了寶貴的生命。或是拿著研發的各種武器，到自己並不憎恨、與自己沒有利害關係且遙遠的國家互相殘殺。

下達「就算有些故障也沒關係，先飛了再說吧！」或是「射殺吧！」這樣命令的人，通常都是少數，然而遵照這些指示行事的人卻是大多數。令人感到悲哀的是，在一般人中找不到堅定又謙虛地說出「與其聽人話，不如遵守上主的旨意」的人。話說如此，也有人說「我是無神論者」，或是「神嗎？神是上個世紀的古董啊！」還是「人類都到了登陸月球的時代了，人不就是神嗎？」類似這樣輕浮的話，並相信這些不經過思考的言

① 編者按：以作者所處的年代而言，三十六或四十四層樓就已經算高樓了，不過，目前的東京第一高樓為二〇〇七年啓用的五十四層樓的東京中城。

論：而這樣的心態就像「塔頂摩天，好給我們作紀念」，和當時要建造巴別塔的人們一樣。但是，人們可否察覺一個事實？就是，當時在月球上留下腳印的一位太空人，為了要傳達上主的愛而辭去了太空人的工作，成為一位傳教師。

話，看你怎麼說！

巴別塔的故事雖然很短，卻留下許多值得我們思考的問題。我這樣想，《聖經》說當時只有一種語言而已，但當開始建造塔與城的時候，人與人之間是否出現分裂的現象了？確實，人做壞事的時候，可以輕易地團結在一起，比方說別人壞話的時候就是這樣。A和B彼此的關係並不好，但是兩個人都不喜歡C，所以在說C壞話的時候，兩個人的關係會變得像好友一樣很投機。

就像這樣的感覺，人會因為惡事而凝聚。建造巴別塔這種傻事，當時是否有一、兩個人曾經站出來反對？「我們不能蓋塔，這冒犯了上主，是有罪的。」不知道是否有人說過這樣的話？還是每個人都絕對贊成建造巴別塔？或者曾經有人出來反對過，但是大家處於建造摩天塔異常興奮的狀態下，以致於沒有多餘的精力理會反對的聲音？只有一種語言的世界，到底是什麼樣的一個世界？是否就像語言表達了思想一樣，一種言語即是一種思想。

在之前的〈創世記〉第十章第廿節和第卅一節中各有類似的記述：「這些人按疆域、語言、宗族和國籍都是屬含或閃的子孫。」也就是在建造巴別塔之前，大家好像各有各的說話方式才是。但是以前的《欽定本》當中不是翻譯為「語言」而是「方言」，也就是說不像德語和日語之間的不同，而是類似日語中關西腔和東京腔的區別而已。

總而言之，在建造巴別塔的時候，人類就使用著相同的語言，而且只有使用一種語言而已。這是按照字面上的意思來下的定論，如果說其實這是一種思想上的統制，我想也不過分。在巴別塔的故事之前的章節裡（〈創世記〉第十章第八、九節）描述著當時世界當權者登場的內容。我總覺得似乎是從記述這些當權者的出場，延伸出建造巴別塔的情節。

在二次大戰時期，日本人受到了言語思想上的管制。日常生活中常會接觸到的詞彙，像唱片必須說為「音盤」、燙頭髮必須說成「電髮」，反正只要屬於敵國語言的英語，都不可以使用。當時擔任教師的我，在縫紉課時說了Cloth stitch（縫製布綴）便遭到其他老師的指責：「您剛剛使用了敵國的語言，那是錯誤的行為。」不過若是針對語言用法的話我還能夠忍受。那時候的官方說法，天皇是「現人神」，也就是以人的形象活在人間的神。只要有人對此說法抱持不同看法都被抓走，並關入監牢，有的甚至被殺害了②。所以我覺得這樣的極權管制思想，好戰又耗盡國力的國家，和當時建造巴別塔那些人們其實區別不大。特別是將一個平凡人說成神，明明就和建造巴別塔的動機是一致的。

② 編者按：大正十四年（一九二五）日本發布〈治安維持法〉，主要是確保天皇權威和防止推翻私有財產制度。昭和十年（一九三五）的「國體明徵聲明」，更強化天皇的神格。昭和十六年（一九四一），〈治安維持法〉的罰則加重。

托戰爭失敗之福，日本得以從錯誤當中學習改過。硬要把不是神的人當成神，簡直就是對人的一種侮辱。戰後的日本天皇發表了「人間宣言」③，我想發表宣言之後的天皇，終於覺得可以鬆一口氣了吧！身為一個人，每個人都有生存的權利，就像把人當成牲畜一樣看待的痛苦，把人當成神一樣看待，也算是一種重大的壓迫吧！

把這些事通通放在一旁，亞當和夏娃也好、建巴別塔的人們也好，《聖經》詳細記述，人想要取代上主的時候，那種雄心壯志都將被摧毀掉。現代版的巴別塔是什麼呢？其實就是虛幻的妄想。不管我們再怎麼聰明、再怎麼計畫周詳，人還是必須面對現實的狀態。當我們的心裡產生了不好的念頭時，像是「神並不存在」、「真的有神嗎？」這樣不謙卑的想法時，我們更應該用謹慎的眼光來看待週遭的事。

溝通不只是靠語言

巴別塔的故事，或者是說，即使這個世界變成只有使用一種語言、一種思考方式，到頭來，人類的語言只是做為人與人之間互相連結的工具而已。其實語言並非那麼強而有力，我想這正是巴別塔的故事所要傳達給我們的訊息吧！其實從我們每個人所經營的家庭生活中也可以了解。轟轟烈烈地熱戀而結婚的夫妻，過了三個月後，夫妻兩人好像失去了溝通能力而無話可說，彼此的關係彷彿結冰似的，好冷淡喔！這樣的狀況在現代社會似乎司空見慣了。不久前總是纏繞在身邊，「媽媽！媽媽！」叫個不停的小孩子們，進入國中之後，突然變得不說話、也不聽母親的話，這也不是什麼新奇的話題了。媳婦和婆婆、媳婦和小姑、父親和兒子、母親和女兒、兄弟姐妹彼此之間沒有溝通或是話題的例子，實在太多太多了。不過是兩個人或四個人的家庭生活，也不是不同國籍的人所組成的家庭，彼此之間就沒有話可說。若是這樣，我實在很懷疑語言到底是不是連繫人與人的工具。

剛在建造巴別塔的時候，大家一定是團結一致互相幫忙的。但是漸漸的，甲有甲的想法，乙有乙的期望，為了達到自己的目的誰也不讓誰。當時這些人們是處於不正確意識的統一狀態，經由上主的旨意使之語言混亂，彼此無法溝通而造成分離。其實這應該說是個相當幸運的結果。即使了解彼此的語言，因為自私的行為導致互相爭吵，就算語言相通，結果還是會變成溝通不良、貌合神離，最後各自離散而去的下場。

將近十年前吧！有一位來自美國的牧師到我們教會做為期一個月的傳道工作。他完全不懂日語，當然我們這邊的人大多數也不會說英語。雖然有人幫忙翻譯，但是還是有許多地方讓人感到不便。當這位牧師要回美國時，在我們舉辦的歡送會上吟唱「願主與我同在，保守所行的路；願主賜天上米糧，願主賜我力量。」這樣的讚美詩歌時，這位牧師哭了起來。看著牧師用大大的手拼命擦眼淚，我們也都哭了。就算彼此之間語言不通，可是大家的心是一起的。過了幾年之後，這位牧師和牧師娘一起來日本，對我們而

③ 譯者按：譯為「人類宣言」，二次大戰後的一九四六年日本天皇裕仁所發表的宣言。宣言中他表明說自己並非「現人神」，即不是所謂的活在人間的神。

言這是一次令人懷念的再相會。對了，這位牧師姓 Fearers。到底是什麼東西讓我們彼此相連？我想並不是只有語言，而是耶穌基督的愛使我們連結在一起。若是沒有愛，什麼東西也無法連繫，只會帶來不信任與反感而已。④

看看那些要建造巴別塔的人們，因為冒犯了上主而失去了所建的塔和城，導致彼此四散分離，我們不但不可嘲笑這樣的悲慘下場，更要好好反省，對自己本身應做更深切的思考才對。

④ 編者按：〈哥林多前書〉第十三章第一節：「我若能說人間的語言，和能說天使的語言；但我若是沒有愛，我就成了個發聲的鑼，或是發響的鈸。」

……〈哥林多前書〉【格林多前書】

Q6
羅得與他的女兒們——
哪裡是最安全的地方？
Shu.n

我出版的第一本小說叫《冰點》。在那之前，一九六〇年左右的療養期間，我寫了兩篇練筆的文章，當時也無意發表，只是創作的心情相當高昂。

其中一篇描述一位女性「林子」的故事，也就是後來出版的《尋道記》的原型。另外一篇文章是〈羅得與他的女兒們〉。這位羅得，我想大家都知道，他是《舊約聖經》〈創世記〉裡面一位重要人物，被稱為以色列人的信仰之父亞伯拉罕的侄子。我本來就很想用羅得做為主題寫一篇小說，並非有誰在強迫我、或是有什麼人唆使我。當時我必須睡在石膏床上，所以只能用仰臥的姿勢，把字寫進方格子的原稿紙。這篇文章的原稿大約一百多頁，屬於中篇小說。用仰臥的姿勢拿筆寫作，不是一件輕鬆的事，而且寫了一百多頁原稿紙，實在消耗了大量體力。但是，到底是什麼原因讓絕對需要好好靜養的我，寫下這篇一百多頁的小說呢？

從〈創世記〉第十一章的結尾，信仰之父亞伯拉罕登場，一直到〈創世記〉的最後第五十章為止，內容都比較簡單，像一般的劇情一樣並不需要做太多的解說。因此這裡將以〈創世記〉第十九章為主軸，用小說的方式介紹羅得這號人物。

羅得【羅特】

亞伯拉罕【亞巴郎】

傍晚的所多瑪城門外

那天傍晚，羅得坐在所多瑪城門口。當時的城門口常常有人做買賣、或是仲裁一些事，由此可知能夠坐在城門口的羅得，算是所多瑪城有身分地位的人。但是，不知道為什麼，羅得老是覺得無法安下心來。那天傍晚的天色看起來黃黃濁濁的。

所多瑪【索多瑪】

（現在這個城裡好像會發生什麼事情似的。）

其實羅得這種不安的感覺，也不是從這一天才開始的。因為羅得有預感，覺得上主終將仲裁這個淫亂且罪惡的城市。周邊的景象彷彿嘲笑著羅得：畫著濃厚眼影的年輕女子，誇張地扭擺豐滿的身體。她身後則有兩個男人彼此勾著手，緊緊地擁住對方走過羅得的面前。所多瑪（Sodomy）這個名稱一直到幾千年後的今天，仍是有著許多男同性戀者、淫亂城市的代名詞。

（唉！當初真是不應該來這個城市的。）

羅得既痛苦又感慨地想著。這時候，羅得想起了他的伯父亞伯拉罕。亞伯拉罕是個順從上主旨意，也是信德堅定的人。羅得雖然不夠虔誠，但是非常敬愛亞伯拉罕。上主這樣告訴亞伯拉罕：「離開你的故鄉、你的家族和父家，往我指給你的地方去。」（〈創世記〉第十二章第一節），亞伯拉罕照著上主的吩咐，帶著妻子和僕人，離開長久以來居住的地方，前往一個未知的國度。當時羅得也跟隨著亞伯拉罕離開自己居住的地方，足以說明羅得是何等地崇拜亞伯拉罕。

亞伯拉罕的妻子撒拉是一位絕世美女。當時因情勢所需必須進入埃及的時候，亞伯拉罕謊稱妻子是自己的妹妹。亞伯拉罕想：「撒拉長得實在是太漂亮了，如果老老實實地說撒拉是自己的妻子，恐怕招來埃及男人的忌妒，搞不好還會招來殺身之禍。」果真如此，當時的埃及法老為撒拉的美貌所吸引，竟然娶了撒拉做為自己的嬪妃。為此，亞伯拉罕從法老那裡得到許多的羊、牛、驢子和駱駝、眾多的男僕婢女。就在這個時候，羅得對於亞伯拉罕充滿了幻滅。

——撒拉【撒辣依】

（這算什麼嘛！這麼敬愛而信仰篤定的伯父，居然是為了自己的安全，出賣妻子給法老的男人！）

就算信德再怎麼篤定，也不過是如此軟弱而且醜陋罷了。其實這個時候羅得終於了解，原來自己愛慕著伯母撒拉。當他想到被賣給法老的撒拉時，太思念了而搞得整晚無法入睡。但是，當撒拉一腳踏進法老宮殿的時候，住在宮殿裡的每個人都發高燒，並且嚴重地腹痛。「這一定是什麼詛咒！」每個人都這樣想著。當每個人都因病痛而哀嚎時，只有撒拉一個人健康無恙。法老王只好跪拜在撒拉面前大叫說：「妳到底是什麼人？」撒拉回答他說：「我是亞伯拉罕的妻子撒拉啊！」法老驚訝地說：「怎麼會是亞伯拉罕的妻子？妳不是他的妹妹嗎？」

結果，法老碰也不敢碰地就把撒拉還給亞伯拉罕，當然也附帶了許多的財物。

（對了，就是那時候我的心漸漸疏遠亞伯拉罕的。）

分道揚鑣

羅得一邊望著泛黃的天空，一邊想起過去發生的事。當他們離開埃及到達了迦南的時候，亞伯拉罕對羅得說：「為什麼最近你的牧人和我的牧人老是無法好好相處呢？不如趁著大家還沒弄壞關係之前，早早分家算了。」羅得知道無法好好相處的原因。當然，奴僕、牲畜的數量，和離家當時比起來不知道增加了多少倍，羅得也拜亞伯拉罕之賜而成了富人。其實不知不覺中，羅得的內心對亞伯拉罕懷著不滿與批判，那樣的情緒自然

——迦南【客納罕】

而然地反應在自己、或是亞伯拉罕的奴僕身上。「是嗎？好啊，那就照您的意思我們分家吧！」雖然當時羅得已經有妻子了，可是一想到不能看到撒拉，就覺得非常痛苦。

「羅得啊，這是上主賜給我們的土地，你就選擇你喜歡的地方住下來吧！」聽亞伯拉罕這麼說，羅得便展望這一大片的土地。約旦河畔的平原如同上主的園子一樣，就像埃及的土地一樣滋潤肥沃。羅得看了這土地後心裡想著，（反正從今天開始我就再也看不到撒拉了。好吧！就狠狠地要了約旦河畔這片潤澤的土地吧！）

亞伯拉罕會不會生氣？雖然羅得心裡會擔心，但是他還是厚著臉皮說：「伯父啊，請您把約旦河畔的這片平原全都賜給我吧！」不愧是個性溫和的亞伯拉罕，不但沒有生氣，還一邊握著羅得的手，一邊微笑地說：「希望你能過著幸福的生活。假如遇到了什麼困難，別忘了馬上通知我。我時時刻刻為你禱告。」就這樣，亞伯拉罕和羅得分道揚鑣了。望著亞伯拉罕離去的背影，那是羅得未曾接觸過，非常虔誠謙卑的一種感受。羅得的心裡好難受，他對自己的行為感到可恥。

到這邊為止，假如我是亞伯拉罕，我不會這麼心胸寬大地和羅得道別。我既是長輩，更是家族的當權者，而且羅得也已經分得許多的家畜、奴僕還有其他的東西了。假如我是亞伯拉罕，根本不用顧忌什麼，好的土地一定留給自己，不好的土地讓給羅得。比方要分割一塊一百坪的土地，我一定把日照比較充足的部分留給自己。

假若亞伯拉罕也和我一樣的想法，雖然口頭上說可以選擇自己喜歡的土地，心裡還是想要佔有比較好的那一部分，當羅得選擇好的那塊土地時：「你這個奸詐汙穢的傢伙，竟然忘了我曾經有恩於你。像你那副德性早晚會遭殃的。」亞伯拉罕是否會這樣地咒罵羅得然後離去？然而亞伯拉罕以和平的方式離去。我想這可能和在埃及時，亞伯拉罕為了自身的安全，而出賣了妻子撒拉給法老有關，他對自己過去喪失信德做嚴格徹底的悔改，便以這樣的方式和羅得分家吧！然而當時他雖然賣妻給法老，上主還是用疾病懲罰法老。法老不但不敢碰撒拉，還給了亞伯拉罕許多的家畜，這證明了上主鍾愛亞伯拉罕。內心感到非常恐懼的亞伯拉罕，在這些事之後想必發下重誓，決心將其一生完全託付於上主。

一方面，和亞伯拉罕分開後，在潤澤肥沃土地上生活的羅得所面臨的，卻是日漸頹廢的所多瑪城以及戰爭。當時在周圍的國王們搶奪著所多瑪和蛾摩拉的財物、糧食、女人還有奴隸們。

——蛾摩拉【哈摩辣】

（當時的遭遇實在是太悽慘了。）

羅得坐在所多瑪城門回想著當時的情景。當時去援救羅得並且把財物、女人、奴隸從敵人手中奪取回來的，竟然是亞伯拉罕。

（伯父到底是從什麼地方得到這些勇氣和力量的？）

羅得被亞伯拉罕救回來，心裡覺得相當不可思議。羅得記憶中的亞伯拉罕，是害怕埃及法老而謊稱妻子是自己的妹妹，那個軟弱沒擔當的亞伯拉罕；那個分家時，爽快答應自己要求的那塊肥沃的土地，毫無怨言，非常溫和的亞伯拉罕。所以羅得無法接受戰爭時英勇魄力的亞伯拉罕。但是，對於亞伯拉罕而言，他相信上主隨時隨地都與他同在，所以能夠堅強起來。

（好黃的天色，實在令人感到不吉祥。）

出現神奇的客人

這是個太過於漫長的黃昏，而且天空的顏色愈來愈混濁，羅得愈來愈不安了。可是為什麼街上沒一個人注意到天空的顏色變得這麼詭異呢？每個人的臉上都反射著黃黃的天色，所以根本沒有人去注意到有什麼不對勁。

（這必定是要發生什麼事的前兆。搞不好只有我一個人注意到。）

羅得有點得意地看看周邊的人們一邊想著。羅得學習亞伯拉罕，最近開始專注於自己的信仰生活。然而羅得的信仰，與其說專心仰賴於上主的力量，不如說他是傾向於倫理道德和品行端正這方面。

（找得到像我這樣活得正正當當的人嗎？）

羅得依然用著自誇的眼神，望著城門前來來去去的人們。就在這時候，有兩位年輕人走進了所多瑪城裡。羅得像是觸電了，這兩位年輕人的臉並沒有反射著黯淡昏黃的光。不但如此，當他接近這兩位年輕人時，聞到難以形容、非常清新高雅的香氣。

（這兩個人絕對不是普通人！）

羅得來到他們面前，跪拜在地上來迎接這兩位年輕人，並對他們說：「請到僕人家裡來洗洗腳，住一夜吧！」

兩位年輕人微笑看著羅得。羅得在他們的臉上看見異樣的光芒。「感謝您的好意。不過我們想在這城市的廣場前露宿一晚就好了。」當中一人這樣告訴羅得。他的聲音像清新的水流一樣，讓人聽起來覺得輕快而且舒暢。羅得一直注視著這兩個人，因為他心想，這個世界上怎麼有這麼充滿著無法形容的光采、如此容貌高貴的人呢？

「什麼？要睡在廣場嗎？千萬不可這樣做。您兩位大概不知道這是個什麼樣的城市吧?!我也不想多說什麼。總之，請快點一起到我家吧！」

於是羅得略微強硬地懇求，才帶領兩個年輕人回到自己家中。羅得有兩個女兒，姊姊屬於艷麗型，妹妹則是清純型，兩人都長得非常漂亮而且都有未婚夫了。

把人交出來！

當羅得一家人尚未就寢時，住家四周圍突然變得吵鬧起來。這個部分我就直接轉述《聖經》〈創世記〉第十九章第四到五節：「他們還沒有躺下，所多瑪城裡各處的人，連老帶少，都來圍住那房子，呼叫羅得說：『今晚到你這裡來的人在哪裡呢？給我們領出來，叫我們認識一下。』」

「給我們領出來，叫我們認識一下」，說白話一點，就是要凌辱兩位年輕人。羅得家裡忽然住了兩位容貌清秀俊美的年輕人，這個消息一下子就傳遍整個城鎮。搞不好一些愛管閑事的人挑撥說，羅得把兩位年輕男人帶給自己的女兒們也不一定。畢竟這是個男同性戀之城。總之，所多瑪城的人們慾火中燒，包圍羅得的家。

羅得匆匆忙忙地跑到房子外面，關上了後門，說：「各位啊！請你們不要做這麼無理的事。若是你們真要，我的兩個女兒都還是處女，我就把她們帶出來給你們吧！但是請你們不要對我的客人們做出失禮的事。」

「喂！你算老幾啊？你只不過是從國外來寄居在所多瑪城的外人，老是喜歡用教訓人的口氣說話。這樣吧，客人先留著，我們先玩玩你的家人再說吧！」包圍的群眾便抓住羅得並且要攻入他家裡。這時羅得家的門突然打開，瞬間出現強光，兩位年輕人將羅得拉進屋子裡。強光使得屋外的人們兩眼昏花，東摸西摸的就是找不到進入羅得家的門口。結果，群眾一直找不到入口而且疲累，紛紛離開羅得的家。

這個時候兩位年輕人說：「我們聽說所多瑪是個淫亂而又罪惡的城市，對你也沒有必要再隱瞞什麼了，其實我們是上主差遣來毀滅這座城的。請讓我們幫助你的家族，還有你女兒們的未婚夫吧！老實說，本來上主連你們都要一起毀滅。」聽到這話「什麼！連我也是嗎？」羅得突然臉色發白。「是的。但由於你是亞伯拉罕的侄子，上主改變他的計畫。亞伯拉罕為了你以及你的家族迫切地祈求禱告，所以上主成全了他的心願。總之快一點吧！順便去通知你女兒們的未婚夫。這座城明天一定會被毀滅。」

羅得非常恐懼，趕緊跑去找女兒們的未婚夫。他最先去的是大女兒的未婚夫家，告訴他們：「慘了！慘了！明天這座城將被摧毀。快一點！明天一早和我們一起逃離這個城市吧！」

「你說什麼？所多瑪城明天將被毀滅？爸爸，您在說什麼夢話呢？為什麼繁華的所多瑪城會被殲滅？您也太愛說笑了。趕緊去休息吧！」

「不！我沒有開玩笑，明天所多瑪城一定會被殲滅的！」

「好吧好吧！所多瑪城若是將被殲滅的話，那連我也一起毀掉算了。我這麼喜歡賴床的人，要我一大早起來逃亡，這比死還痛苦啊！」

「你在說什麼傻話？現在就有兩位天使來到我家裡。」

「什麼？天使？」

大女兒的未婚夫一邊輕蔑的想著（喂！老頭！你的腦子是不是有問題？）一邊說：「請您早一點回去休息吧！我會和您一起逃離這裡的。」總之他隨便應付羅得，便把他趕回家了。小女兒的未婚夫也是一樣。這些人和先前談到的挪亞方舟裡，那些嘲笑挪亞的人一樣，不過這些人正好反映出我們的樣子。

「如果不能得救也無所謂，反正我有自己生存的方式。」這實在是有點皮笑肉不笑的感覺。因為總有個撒旦潛伏在人的心裡，嘲笑著「踏實的」、「神聖的」人心。

快逃吧！不可以回頭！

隔天一早，曙光暈亮的時候，兩位天使便說：「走吧！快一點離開這個城市吧！」但是，羅得的兩個女兒猶豫著，她們無法忍受丟下未婚夫逃離所多瑪城。羅得的妻子則是盡其所能地把許多的首飾戴在身上，但是要帶走的行李還是多到帶不動了。兩位天使緊緊地握著羅得、他的妻子以及兩位女兒的手，將他們帶出了所多瑪城。為了要從罪惡中逃脫，還是必須伸出自己的雙手來抓住上主才行。

出了所多瑪城後，天使這樣告訴羅得他們：「那麼，接下來你們趕快逃命吧！不可以回頭看，也不可以站在平原，記得一定要往山上跑才行。」羅得悲傷而迷惑地看著天使們。他與天使們的頭頂上是一片白雲也沒有的藍天。

（為什麼要往山上跑？）

羅得看著將要前往的山。開玩笑！這麼遠。因為昨晚的騷動忙得都沒有闔過眼，現在根本沒有力氣再逃往那座山了。這時候的羅得，似乎已經忘記上主賞賜給他多大的恩惠。他沒有想一想和他一樣住在所多瑪城的人們，即將被上主毀滅；似乎也忘了他和他的家人擁有不被毀滅的大恩。

這時候的羅得，對於必須要逃到那麼遠的山上，心裡想必非常不滿。不管要走的路是很近、還是有多遠，凡事都應感謝，並且聽從上主命令，盡自己的能力去做才對，然而羅得只想到自己。他對天使們說：「我的主啊！要我逃到那座山是不可能的。請看看那座小城鎮，離這裡比較近，若要我逃到那裡，我倒是可以辦得到。請想想看，那是個多麼小的城鎮啊！那裡的人們所犯的罪，應該比所多瑪或是蛾摩拉這樣的大城裡的人們少，所以不毀滅那小城鎮應該無所謂吧！所以求求您們，就成全我們，讓我們逃離到那裡去吧！因為我實在是跑不動了。」羅得這番自私的說辭，和我們日常生活的態度其實很類似。說真的，從羅得的言行舉止中，看不到臨死邊緣被拯救的喜悅和感謝。這也正好反映出我們的一面。這兩位天使竟然聽從羅得自私的請求，並說：「好吧！連在這事上我也顧全你的臉面，我必不消滅你提及的這座城。」

眷戀的結果是滅亡

因此羅得和他的家人便聽從天使的話，趕快逃到名叫瑣珥的小城鎮。可是羅得的妻子好想再看看所多瑪城。她的家財、衣物、許多東西仍舊留在所多瑪城裡，還有許多美好的回憶也在那裡。這時，忽然傳來一陣低沉的地鳴聲。

……瑣珥【左哈爾】——

（一次就好了！反正只要一次而已，回頭看一看應該沒有關係吧！）

她心裡這麼的想著，即使沒有忘記天使曾叮嚀過：「不可以回頭看。」但是，不管再怎麼重要的忠告，人類有時候還是不會誠心地全盤接受，老是喜歡談條件、愛討價還價。

（話雖這麼說……）、（才只有這麼一次……）、（只限一次……）、（就那麼一點……）

我們人總是這樣子，總是無法誠心地領受《聖經》裡上主的話語，總是用輕浮怠慢的態度看待。也就是沒有真心信賴上主，只會降服於自己、或是自己的慾望而已。羅得的妻子就是這樣，心裡只有對於多瑪城髒亂的街道和自己曾經擁有一切的錐心之痛。當羅得的妻子回頭觀望，突然間，她變成了一座鹽柱。一生當中就這麼一次破了戒，卻因此墜落到另一個世界裡。

有一位我認識的人曾說，只要一次就好，她想嘗試一下和自己先生以外的男人共度一夜的滋味。當時我以為她只是開開玩笑而已；但是，有一天她真的這麼做了。從那一次之後，她的人生就像是跌落谷底一樣。現在，她失去了丈夫而且也沒有孩子，一個人過著淒涼而寂寞的生活。也就是說她突然變成了另一個人，原來的她已經不見了。犯罪並非一次兩次之類的次數問題，也不是犯錯的次數較少就比較好。犯罪可以稱為人類對於上主的一種無言的抗議，或是該說屬於自己的一種存活方式吧！

羅得他們終於平安抵達瑣珥這個小城鎮。一抵達時，就傳來震耳的地鳴和爆炸的聲音，所多瑪和蛾摩拉被硫磺和大火吞蝕淹沒，一瞬間全毀了。聽說這些城市現今仍沉沒在死海的海底。羅得當初所選的看起來很肥沃的平原，如今卻這樣被毀滅了。由此可知，人的眼光其實是不準確的，無法辨識什麼是真正良善的事物。就在這一天，亞伯拉罕看到在遙遠平原的遠處冒著濃煙，簡直就像燒窯一樣又大又濃的煙，飄向天空。

為什麼羅得被拯救？〈創世記〉第十九章第廿九節裡記述，「當上主毀滅平原諸城，消滅羅得所住之城市時，想起了亞伯拉罕，由滅亡中救了羅得。」所以並不是因為羅得是義人而得救，也不是因為他的信德有多堅定，而是因為亞伯拉罕的關係。上主記念他的堅定信德和虔誠地轉禱而救了羅得。

因為有堅定信德者虔誠的轉禱而得救，我常常感受到這樣莫大的的恩寵。透過許多人為我們轉禱，我真切地感受到被支持。簡單地說，每次一想到外子三浦光世的時候，我總覺得自己就像羅得一樣。不知道大家是否和我有相同的看法：亞伯拉罕和羅得的關係，就像是穿越時空而來到《新約》時代，變成像耶穌基督和我們的關係一樣。

可是，我總覺得這個部分寫得不順暢。原本希望用說故事的方式介紹給大家，不知不覺中總會將現實的一面也寫出來。反正，我本來就是個不按牌理出牌的人，請各位讀者多多包涵了。

為什麼我想用說故事的方式介紹羅得這部分？其實理由是接下來要談的這個部分。

羅得他們逃到瑣珥這個小城鎮了，可是他還是不放心，所以帶著兩個女兒一起躲到山上去。由此我真正了解羅得的信德是何等不堅定。天使們命令他：「逃到山上去。」但是他偏偏要逃到小城鎮來；天使們答應他：「必不消滅你提及的這座城。」他卻又離開小城鎮逃到山裡面去。羅得這個人為什麼這麼不順從又缺乏信心？而且，羅得又為什麼總是無法在一個城鎮長久居住？我想原因是羅得傲慢的態度招來災害的。

羅得一家好像忘了什麼？

因為亞伯拉罕堅定的信德，使得羅得和他的家人可以得救，但是，羅得本身一定不是這麼想。他一定覺得他是所多瑪城裡最正直的人，所以才被特別救出。因此他們一到了瑣珥的時候，羅得一定也是這樣地吹噓自己。結果，讓瑣珥城的人們反感。

「什麼嘛！一副自以為是的樣子。」、「那個傢伙拋棄其他人而自己逃到這裡，真是自私無情。」瑣珥城的人們這樣的竊竊私語。但是羅得卻一副了不起的樣子說：「這個城鎮本來也將毀滅的，是我拜託了天使們，才平安無事的。」這樣的羅得，使得周邊的人不再想和他在一起而紛紛離去。以瑣珥城恩人自居的羅得，輕蔑地看待瑣珥城的人，反而招來反感，也被排斥而孤立。因此羅得討厭這個城鎮了。和這些人住在一起，哪一天又會像所多瑪城一樣被毀了該怎麼辦？羅得再也無法忍受這種被疏離的日子，並且對於城鎮又將會遭到摧毀的恐懼感日漸加深。

羅得有時趴在地上，聽到類似所多瑪城被毀滅時聽到的地鳴聲，他都驚慌地告訴瑣珥城的人們：「我聽到地鳴聲了！」可是大家都嘲笑他。這個地鳴聲只不過是羅得自己的耳鳴罷了。但是羅得還是不死心，他相信瑣珥城有一天也會被毀滅的。

「必不消滅你提及的這座城。」當時天使們做了這樣的承諾，羅得卻不再相信了。有一天早上，還不到起床的時間，羅得叫醒兩個女兒並驚慌地說：「這個城鎮就要被毀滅了！」兩個女兒也匆匆忙忙地起床。她們經驗過所多瑪城滅亡的過程，就相信父親的話。再者對她們而言，這個城鎮已經不再是愉快久居的地方，因為她們也受夠其他人們的白眼了。

他們逃到山上之後，羅得的心才能平靜。「必不消滅你提及的這座城。」天使們所做的承諾，羅得早就已經忘了。但是，三個人在山上的生活也未必就那麼的和平。羅得每天早晚對上主禱告，然後出門去打獵。但是心裡總是會覺得怪怪的，想要擁有什麼。他希望有個地方能獻上自己狩獵來的祭品給上主。因此他找到了一塊大石頭，將狩獵來的祭品擺在石頭前獻給上主。曾幾何時，這塊石頭漸漸地變成他的神明了，開啟了三個人敬拜偶像的生活。

最先是兩個女兒完全失去了對上主的信德。她們摘取樹上的果實釀酒，並且給羅得喝了。就這樣，羅得和兩個女兒之間發生亂倫關係。大女兒所生下的孩子成了摩押人的祖先，小女兒生下的孩子成了亞捫人的始祖。羅得若是相信天使們的諾言，用謙虛的心在瑣珥城生活，漸漸的虔誠敬拜上主，一定會變得像亞伯拉罕一樣擁有堅定信仰的。對羅得而言，從被毀滅的所多瑪城被天使救出的時候，正好是他悔改的良機。

為什麼羅得把悔改契機變成災難的開始呢？說真的，這也是我們每個人所面臨的問

——摩押人【摩阿布人】

——亞捫人【阿孟人】

題。我們每一天總是會遇到各式各樣的人或是各種事，經由生活感受上主所賞賜的恩寵或是警告。即使如此，我們還是依然故我過我們的日子，或是拿許多事來煩擾自己，以致失去了許多悔改的好機會。

我們人類並非被塑造成為可以遠離上主、人群，宛如神仙隱者，一個人快樂生活的動物。人們常說的，所謂「人間」①就是生活在人與人之間的意思。我們是否也像羅得一樣，只求自身的安全而一個人躲在山林中生活一樣呢？就算生活在萬家燈火中卻拒人於千里之外，沒有了愛，就將變得像羅得一樣而已。

接下來是我自己的額外感想。像亞伯拉罕這樣信德幾乎冠居全人類的偉人，卻無法引導他的侄子親近上主，其實多多少少給我帶來些許安慰。雖然說我也算是一個基督徒，然而對於父母手足，並沒有花更多的精力在他們的信德上。我的兄弟姐妹，還包括了像兄弟姐妹一樣一起長大的總共有十二人。這當中有三個人已經過世，有七個人接受洗禮，還沒皈依基督的則有兩個人，雖然受洗了卻又離開的有兩個人，對於他們我相當地擔心。

但是，思考一下羅得的種種，我發現就算像亞伯拉罕這麼信德堅定的人，也對他起不了什麼作用吧！所以像我這樣的人，就算在一旁操煩憂心，也該沒有什麼幫助吧！

仔細的思考後才了解，其實我一開始就將自己定位在和亞伯拉罕同樣的位置上，所以才變得忘了自己是誰。另一方面，像羅得一樣，老在信德上依賴著外子的我，透過這

① 譯者按：日語的意思是人類。

個故事讓我學到許多嚴格的教訓。如果只會仰賴別人的祈禱、別人的信德，然後過著籠統草率的信德生活，有一天也會落得像羅得一樣的下場。我想這個可怕故事的重點就是在警告我們這些吧！

07
亞伯拉罕的信仰——
學習安心地邁向未知
Shun

結婚的時候，打開的第一張賀卡上寫著《聖經》的一句話：「**在山上，上主自會照料**。」十三年了，這張卡片一直都擺在家中，直到幾天前因為褪色才收起來。

想一想，這個月有點透支了。外子卻說：「**在山上，上主自會照料**。」當我提出無法解決的難題時，外子總會對我說；「**在山上，上主自會照料**。」總之，「**在山上，上主自會照料**」這句話成了我們夫妻的原點。這一句箴言是《聖經》〈創世記〉第廿二章第十四節裡面一句相當有名的話。

話說在亞伯拉罕一百歲、妻子撒拉九十歲的時候生下獨生子以撒。當初上主向亞伯拉罕預告這件事的時候，亞伯拉罕不由得笑了（已經是一百歲的老頭子和九十歲的老太婆怎麼生小孩啊？）就連那個時候的亞伯拉罕也無法相信上主所說的。而現代人的我們搞不好這麼想（真的是在九十歲的時候生小孩嗎？搞不好以前的人是過一年算兩歲也不一定，撒拉生小孩的年紀其實是四十五歲），反正會用現代人的常識解讀當時的狀況。

——以撒【依撒格】

總之撒拉九十歲的時候生下孩子。當時發生了一件他們夫妻倆從未預料過的事。生下來的孩子取名為「以撒」。以撒是「笑」的意思，替換成日本人的名字來說的話是取為「笑一」或是「笑太郎」之類的名字；若是女性的話，應該是叫做「笑子」吧！活到了一百歲才生下獨生子，亞伯拉罕內心的喜悅，以及感謝的心情全都寫在以撒這個名字上了。

安心！上主會照顧我們的！

——摩利亞【摩黎雅】

當獨生子長大到少年的時候，有一天，亞伯拉罕聽到上主這樣對他說：「帶你心愛的獨生子以撒，往摩利亞地方去，在我所要指給你的一座山上，將他獻為全燔祭。」所謂的全燔祭是為了證明恭敬上主的誠意，而焚燒一整隻的羊、或是牛等牲畜的儀式。上主這樣命令亞伯拉罕把以撒宰殺焚燒，做為獻給祂全燔祭的祭品，亞伯拉罕會怎麼做？〈創世記〉上這麼描述：「亞伯拉罕次日清早起來，備好驢，帶了兩個僕人和自己的兒子以撒，劈好為全燔祭用的木柴，起身往上主給他指示的地方去。」

亞伯拉罕是否因為上主的旨意太過嚇人而驚慌過度，或是有沒有告知妻子撒拉，這些事《聖經》上完全沒有記載。假如是我們，大概會說出這樣的話：「上主的旨意太過分了，我們無法順從這樣的旨意，我們再也無法相信這樣的上主。」等等，反正，這樣殘酷事是辦不到的，但是這也可說是我們偽善的地方。

幾年前外子胃部不舒服，所以我陪他一起到醫院做檢查。原因是胃的附近長了一塊很大的息肉，醫師偷偷在一旁告訴我說：「可能蠻危險的，好像是胃癌的樣子。」一聽到醫生這麼說，當時我真的是眼前發黑。人生當中難免會遇到像這樣突如其來、叫人難以開口，既冷酷又殘忍的事實。例如：笑嘻嘻離開家門的孩子，就在短短的時間裡因車禍而死去；洗澡時因瓦斯中毒而死掉的父母；或是在旅行途中突然腦溢血而死亡，這些令人心痛的事件並非罕見。但是當有人發生了這些事件時，看到他們的親人、伴侶嘆氣悲傷的樣子總叫人萬分不忍。這個時候人總會同情地說；「上主為什麼要讓這樣殘酷的事發生？」

亞伯拉罕遇到的並非突如其來的事故，而是他必須用自己的雙手，將他的獨生子宰殺焚燒來獻給上主。這個世界上，有像這樣讓人難以答應的要求嗎？而且，以撒並不是什麼作姦犯科的大罪人，亞伯拉罕也沒有做出對上主不信不敬的事。然而，亞伯拉罕默默地，完全地順從。這或許是所謂的盲從也不一定。但是，亞伯拉罕對於上主是完全信服的。我想，他從心底完全相信上主的旨意是絕對正確的。

他心裡從沒有過「這是何等的殘酷啊！」、「這完全沒道理嘛！」的想法。其實這些都是人們為了自己的利益所說的話。上主的旨意絕對不會有錯的。比起人本身的想法，上主的旨意是絕對不會有錯。對上主絕對信賴，這不就是所謂的「信仰」嗎？人所說的話才是正確、人所做的事才有道理，這正是人覺得上主不正確，人不相信上主的一個反應。在我們人生當中，許多的狀況下時常無法了解上主的旨意是什麼。雖然說無法了解，但是這正是上主長遠的計畫，所以我倒願意相信，上主的旨意還是正確的。

到了第三天，亞伯拉罕終於抵達上主所指示的山。為什麼上主會選擇這麼遠的一座山？就在家裡的附近，找一個地方獻上全燔祭就好了，為什麼要大老遠到走三天路才能到的地方獻全燔祭呢？或許，這是讓亞伯拉罕和即將告別的、最鍾愛的兒子有一些可以相處的時間吧！三天其實算蠻長的一段時間。日本有句俗話說「三天和尚」，意思是說，一個人滿懷希望與衝勁去做某件自己喜歡、或是有興趣的事，但是才過了三天就變得不耐煩，希望沒了、衝勁也不見了。

更何況是遵守上主的命令，下定決心宰殺燒掉兒子獻給上主，假如過了三天大概會後悔自己的決定吧！原本這就並不是一個使人感到喜悅的命令。即使是百分之百絕對順從上主的命令的人，我想不出三天必定會動搖的。

時候總算到了。亞伯拉罕要燒掉自己的兒子來獻給上主的時候到了。〈創世記〉第廿二章第六到十四節這樣說明：

亞伯拉罕將為全燔祭用的柴放在他兒子以撒肩上，自己手中拿著刀和火。二人一同前行。路上以撒對父親亞伯拉罕說：「阿爸！」他答說：「我兒，我在這裡。」以撒說：「看，這裡有火有柴，但是那裡有作全燔祭的羔羊？」亞伯拉罕答說：「我兒，上主自會照料作全燔祭的羔羊。」於是二人再繼續一同前行。當他們到了上主指給他的地方，亞伯拉罕便在那裡築了一座祭壇，擺好木柴，將兒子以撒捆好，放在祭壇上的木柴上。亞伯拉罕正伸手舉刀要宰獻自己的兒子時。上主的使者從天上對他喊說：「亞伯拉罕！亞伯拉罕！」他答說：「我在這裡。」使者說：「不可在這孩子身上下手，不要傷害他！我現在知道你實在敬畏上主，因為你為了我竟連你的獨生子也不顧惜。」亞伯拉罕舉目一望，見有一隻公綿羊，兩角纏在灌木中，遂前去取了那隻公綿羊，代替自己的兒子，獻為全燔祭。亞伯拉罕給那地方起名叫「上主自會照料」。直到今日人還說：「在山上，上主自會照料。」

虔誠的信仰之父亞伯拉罕一生當中，再也沒有比這次還要痛苦的試煉吧！親自宰殺焚燒自己的兒子，世界上再也沒有比這個更殘酷的命令或要求了。可能比被人說：「你給我死掉」還要難受吧！但是亞伯拉罕接受了。

讓我們認真回應上主

我想所謂的信德，最重要的是相信上主，並且順從上主的旨意。為了要順從上主，就必須完全捨棄「私心」。就像耶穌基督受難之前在山園的禱告：「**不要隨我的意願，惟要照你的意願成就罷！**」我想，這正是對於上主全心全意地信賴與服從的意思。亞伯拉罕順從上主的旨意，將獨生子以撒做為全燔祭獻給上主。這樣的決心就像當他要拿刀刺向兒子的時候，天使對他說：「**你不可在這孩子身上下手，不要傷害他！**」是一樣的。並且他在樹叢裡發現一隻公羊。這隻公羊正是預示新約裡的耶穌基督。上主因為我們犯的罪，已經準備耶穌基督要為我們贖罪了。上主向亞伯拉罕要他的獨生子，但是上主更是將祂的獨生子耶穌給了全人類。就像《聖經》裡說的：「**上主竟這樣愛了世界，甚至賜下了他自己的獨生子。**」

最近和兩三位朋友一起聊天。「你會希望自己的兒子將來成為牧師嗎？」當談到這件事的時候，有個人猛搖頭說：「當牧師？不行！不行！」而且臉上還露出誇張的表情說：「你們想想看，當牧師要拿什麼東西過日子呢？」其他的媽媽們也都同意的說：「如果能，我希望孩子可以成為醫師，當然是個有信德的醫師。」

我本身沒有孩子。如果我有孩子，大概也不會獻給上主，要他獻身當牧師吧！但是我希望孩子擁有信德。我對於「當牧師……」這樣的感覺還是有點退縮吧！實際上就有位牧師這樣說：「我出生在一個基督徒家庭。我的父母對於信仰非常熱心。但是當我說我要當牧師時，反對最激烈的人竟然是我的父母。父親非常生氣，母親則是哭泣，唉呀，反正鬧得很嚴重。」

有些人在父母的祝福下成為牧師，一定也有許多人在反對的聲浪中成為牧師。並非每個人都願意把自己的兒子獻給上主。我們都把自己的時間或是金錢奉獻給上主，但是並非每次都是甘心樂意地奉獻。愛媛縣今治市的榎本牧師在他的講道中說了一個這樣的經驗：

「我到一間教會講道。奉獻的時候大家唱了讚美詩歌，歌詞是『奉獻，奉獻，大家來奉獻。』大家是一邊唱這首詩歌一邊奉獻的，我從講道台上往下看時，覺得大家到底是在找小錢、還是找大錢？總之花了相當多的時間在奉獻就是了。讚美詩就是禱告，『大家來奉獻』就是要我們一邊禱告，我們卻一邊……」

我想許多人聽到牧師的這一段話一定覺得不好意思吧！我們有時候對於上主的話減價打折扣、或是加油加量、還是灌水淡化之類的。我們總是無法真正的遵照上主的話來過生活。

昨天我在廚房裡切紅蘿蔔的時候突然想到（不管從哪裡開始切，紅蘿蔔就是紅蘿蔔啊！）但是，在現實生活裡不管從哪裡切開來看，我們都會呈現出基督徒的樣子嗎？不管從自己生活的哪個面向來看，都是個讚美上主、順從上主旨意的人嗎？常常會看到牛肉罐頭裡面裝的其實是馬肉；以為自己吃的是海膽，其實是加了人工色素的假造食品等等。回顧一下自己，看一看自己的生活總會思考著：「這也是基督徒嗎？」還是，看起來是否也像假造食品一樣呢？

自己心裡所想的「這也是基督徒嗎？」是指意識到沒有順從上主旨意時的自己而言。是否像亞伯拉罕一樣真心地盡自己的能力來順從上主的旨意？

一位牧師曾經說：「耶穌基督並非只想當一時的鎮定劑來安慰我們，而被釘在十字架上的。」這句話真是發人省思，因為我們是否也是抱著尋求一時安慰、吃精神鎮定劑的態度讀《聖經》？假設《聖經》裡有這麼一句話：「不要判斷人。」那麼我們真的會懷著順從這句話的心而專心研讀《聖經》嗎？亞伯拉罕堅定地下了決心要將以撒獻給上主，然而為什麼我們卻無法捨棄自己的「利己主義」？

我們夫妻的座右銘「**在山上，上主自會照料。**」伴隨著我們夫婦一起度過這十幾年的歲月，這並不一定就表示我們完完全全的信賴這句話，但正好讓我們有再反省及檢討的機會。當我們真的全心順從上主的時候才會說：「在上主的山上必為我們預備了耶穌基督。」像這樣活生生的例子不就正好在敦促著我們嗎？

08 約瑟的故事——寵兒學乖變宰相

作夢的結果

我常常做夢，或是該說沒有一天不做夢。有人常說天亮前作的夢會成真，夢到蛇是好預兆，夢到大便會有金錢運，夢到掉了牙齒則是家人有不好的事發生等等，反正都是聽這些傳說長大的。不過，所謂的占夢並非一定那麼準確。但在〈創世記〉第卅七章裡出現了一位有名的占夢者叫約瑟。我有時候會想，做了這個夢到底是什麼意思？甚至有時候真想問問約瑟。約瑟是亞伯拉罕的兒子以撒的孫子，也就是亞伯拉罕的曾孫。其實有許多關於以撒或是雅各的結婚，還是信仰上的一些趣事奇聞等等，這些內容希望大家能夠打開《舊約聖經》仔細地看看。這些並不需要什麼解說，就能夠了解當中生動又有意思的故事內容。

約瑟是雅各的小兒子，雅各特別溺愛他，因此約瑟的十位哥哥不但忌妒，而且恨他。這些和約瑟同父異母的哥哥有了憎恨，當然不會有什麼好事，他們計畫殺掉約瑟。這些哥哥當中只有流便很同情約瑟而不想殺害他，所以他提議把約瑟丟在荒野中的一個洞穴裡。其實當時流便想趁大家不注意時從洞穴中救約瑟出來。

當約瑟被丟到洞穴後，其他兄弟便開始吃起麵包來。大概把憎恨的傢伙丟到洞穴後的麵包味道特別好吧！這也顯示其實人類是很無情的。不過，這個時候流便並不在場。就在他們吃麵包的時候，有一個乘著駱駝的商隊正好經過。這些哥哥們的心中出現了不好的念頭。把這個討厭的弟弟丟在洞穴中，即使餓死了一文錢也得不到，賣掉的話說不定還會得到什麼利益。就這樣他們以二十銀子把約瑟賣掉了。當時的約瑟十七歲。

——約瑟【若瑟】

——雅各【雅各伯】

——流便【勒烏本】

之後，流便想要去救約瑟出來，可是洞穴中一個人也沒有。流便很傷心地告知其他的兄弟。他們殺掉一隻羊，並把羊的血塗抹在約瑟的衣服，用約瑟死了的理由矇騙父親雅各。雅各偏愛約瑟，心中的感受可以想像，為了約瑟的死哀傷痛哭許久。就這樣，約瑟被帶到埃及，被埃及法老王的護衛長波提乏買去了，變成了一個奴隸；但也因為這樣，使約瑟的人生有了重大的改變。約瑟被帶到埃及的路上一定會思考，哥哥們為什麼會這麼討厭自己。我想，約瑟思考著，一定領悟到其實自己是個傲慢的人才對。

《聖經》裡面有記載，約瑟常常因為哥哥們的事而向爸爸打小報告。我想沒有人喜歡被人打小報告，而且總會讓人覺得喜歡打小報告是「想要變成好孩子」的緣故。打小報告即是「說壞話」。我在小學教書的時候，常常碰到打小報告的學生。打小報告之後，這些學生總會露出愉快開朗的表情，或許在心裡想像著其他同學被教訓的樣子吧！

約瑟大概也是抱著自以為是的想法，向爸爸打小報告，哥哥們被冷落在一旁，而自己一個人可以完全得寵。除了打小報告，約瑟還得意洋洋地把自己夢到的事告訴哥哥們。「我夢到我們在田裡捆麥子，我的麥捆站起來，你們的麥捆都圍著我的下拜。」於是哥哥們說：「什麼？你的意思是說將來我們會圍著拜你嗎？你也太囂張了吧！你想成為王是不是？」就這樣大家都很恨約瑟。又有一次約瑟把自己的夢說出來了，而且告訴爸爸和哥哥們說：「我這一次做了這樣的夢，我夢見太陽、月亮還有十一個星星朝著我跪拜。」聽到這一番話，做爸爸的雅各不太高興地說：「你這話到底是什麼意思？星星是指你的哥哥們，太陽和月亮不就是指我跟你媽媽嗎？這麼說，是不是有一天我們都要向你跪拜嗎？」不用說也知道，哥哥們相當生氣。爸爸雅各想必也非常介意這個夢。就

——波提乏【普提法爾】

算約瑟真的做了這樣一個夢，他也不應該說出來。可能一個才十七歲的年輕人，還不太能夠分辨事情的輕重也不一定吧！總之約瑟漸漸變得傲慢，也開始輕視哥哥們。他的態度也真讓人忍無可忍，使得哥哥們非常的恨他，《聖經》裡就記載著他們恨約瑟：「不能與他和氣交談。」如果約瑟是個可愛又謙遜的弟弟，就算爸爸比較偏愛他，也不至於被其他哥哥們討厭才對。就在約瑟被賣到埃及成為奴隸的時候，他開始敬拜上主。上主鍾愛逐漸變得謙虛的約瑟，他所做的事都得到上主的祝福。

約瑟的主人波提乏注意到他了。（這個人和別人不一樣！）波提乏心裡這麼想著。「這個人和別人不一樣！」基督徒能讓人這麼感覺是不容易的。基督徒也必須成為人人都會說「這個人和別人不一樣！」的人才行。那個人在做的事和別人不一樣、辦事效率和其他人不同、表情和別人不一樣等等。我也希望我能成為這樣的基督徒。但是，對於這一點我完全沒有信心，因為我時常沒有遵守約定好的截稿日期、常常忘記和人家約好的事。有時候看到自己快照拍的照片時，會馬上擺出一張臭臉、或是生氣、失望的表情給人家看。像我這樣不但不能說是「跟一般人沒什麼差別的基督徒」，而應該說是相當令人失望的基督徒，實在非常愧對上主。

色誘和無妄之災

被賣掉的約瑟非常受到主人波提乏的信賴，把大小事務都交由約瑟來處理，甚至連財產也交給他管理。不管家中、或田裡的事，全權交由約瑟處理，主人安心度日。因此，約瑟成為優秀而倍受信任的管家。但是，這裡又出現了令人傷腦筋的事。因為約瑟是個容貌俊美的男人，年輕俊美、有信用、又肯努力工作的人，難免備受矚目。約瑟在十七歲的時候被賣到這裡，就算已經在這個家工作了十年也不過才廿七歲而已。

這時約瑟的主人波提乏的妻子，對於年輕、相貌英俊又誠實的約瑟產生了不貞的愛戀。波提乏的妻子應當是位美麗的女人才是，並對自己的容貌姿色很有信心，所以引誘年輕的約瑟。《聖經》寫著，她這樣告訴約瑟：「你跟我同睡吧！」就像男人老練又實際的口氣一樣。這樣的說話方式，不管她長得有多美，只不過會讓人覺得她像是一朵沒有香味、乾乾癟癟的人造花而已。

話說回來，世界上的男人要是碰到別人的妻子對自己說這種話的時候，不知道會作何反應？以前為了因應男人的立場，出現了一句日本俗話：「不吃現成的飯菜是男人的恥辱。」我倒不認為這有什麼好丟臉，但是大概會有很多男人覺得是種恥辱吧！不過這個約瑟並不覺得有什麼好丟臉的，所以很果斷的告訴主人的妻子：「你看，有我在，家中的事，我主人什麼都不管；凡他所有的一切，都交在我手中。在這一家內，他並不比我更有權勢，因為他沒有留下一樣不交給我；只有你除外，因為你是他的妻子。我怎能做這極惡的事，得罪上主呢？」

願意這樣明明白白拒絕的男性，我想一定很少。就算拒絕了，一定有很多人會再加上一句「不要覺得我很可恨……」類似這樣刺探對方想法的話語。像約瑟這樣果斷的拒絕方式，我想大部分的女性都會因而放棄的。然而這位波提乏的妻子卻是個相當厚顏無恥的女人，《聖經》這麼寫著：「她天天這樣和約瑟說。」約瑟很頑固並不理會她，而且也盡可能不和她同處一室。但是這個女人想盡辦法要和約瑟兩人單獨同處一室。約瑟有自己工作要做，因此他不得不進進出出主人的屋子。有一天，他有事要進入主人的家裡時，發現裡面只有女主人在。這個女人覺得今天正是個大好機會，便接近約瑟並且拉住他的衣服，用著含情脈脈的眼神對約瑟說：「你跟我同睡吧！」

在一個沒有其他人的家中被女主人抓住衣服，並且對他說：「你跟我同睡吧！」這個時候約瑟的心裡不知道什麼樣的感覺。到這一天為止，波提乏的妻子每天都在誘惑著約瑟，而約瑟每一次都果斷的拒絕她。這個女人也知道約瑟的心意很堅定，然而她仍舊不知廉恥，甚至還抓住約瑟的衣服來誘惑他。

約瑟被這個女人執著的態度嚇得逃到外面。除了逃跑之外，約瑟想不出還有什麼辦法拒絕，我想一定是這個女人的態度太暴力了。但是，約瑟逃跑時，他的衣服卻被女主人牢牢的抓著，這可以被拿來做證據。這個女人馬上召集家人說：「這個男人進入我們家裡要戲弄我。他到我這裡來，要與我同睡，我就大聲喊叫。他聽見我放聲喊起來，就把衣裳丟在我這裡，跑到外邊去了。」

就這樣，這個女人拿抓在手上的衣服當作證據，向丈夫投訴。波提乏相當震怒，馬上逮捕約瑟，把他丟到牢房裡去。然而，主人到底有沒有聽聽約瑟的辯解？大概是什麼話也沒聽，就把約瑟抓去關了。身為一個主人，除了自己的妻子以外的大小事全權交由約瑟處理，非常信賴約瑟。然而看著自己的妻子一手拿著約瑟的衣服、一邊顫抖的訴說約瑟的罪狀，主人的怒氣大概可以用怒髮衝冠來形容。被一個自己一開始就不是很信賴的人出賣，可能還不至於太生氣；但被最信賴的人出賣，那是再痛苦不過了。

當我讀到這個部分的時候，我覺得從波提乏身上，可以看到我們容易有的弱點。雖然我不知道當時的人是否都會採用有能力的奴隸來做事，但波提乏提拔被賣來埃及做奴隸的約瑟，可見他是待人公平的人。會將自己的家務及產業託付給一個奴隸，相信一定是一位非常信任人的主人。換做我們，會把自己所有的土地、房子、家產等東西託付給一個人嗎？波提乏對於約瑟的信賴，用現在的話來說，等於把房子還有土地的權狀、銀行存款簿、印鑑，全部都交給約瑟一樣。但他對於約瑟的信賴，因為妻子說的話和約瑟的一件衣服而全部煙消雲散了。人與人之間的信賴，畢竟還是沒有比將印鑑託付給別人那樣的實在吧！

當我們被人誤會時，想必很少人願意為我們發言：「不！那個人不會作那樣的事。」也許會有人認為「哪有可能！」但如果有充分的證據存在，人們還是會相信證據的。人心是多疑的。我想，波提乏並非只因妻子的話火大抓狂，而把約瑟抓到監牢裡關起來。不過，關於背叛之痛以及妻子被辱的事件，不管是波提乏還是我們一般人，所能做的界限也是這樣而已，這真令人產生無力感！

另一方面，被關到監牢的約瑟心情又是如何呢？據說當時的高官家裡設有監牢，所以波提乏家中也有。波提乏是埃及法老王的護衛長，所以波提乏家的監牢裡也關了一些法老王的囚犯。那些恐怕是連審判也沒有的囚犯吧！除了犯罪之外，法老王不喜歡的內臣們也都一起被丟到監牢。如果我是約瑟，我一定想盡各種說法來臭罵波提乏的妻子。「是那個女人使勁辦法要引誘我啊！」可能我還會大吼大叫。

人太老實被當傻？

這個女人她所做的，搞不好是有計畫的，實在是太惡質的行為了。因為好幾次誘惑約瑟都被拒絕了，所以讓她覺得沒面子，她為了要報復約瑟，希望他被關進牢裡，所以緊緊抓著約瑟的衣服來陷害他吧！這不就正是最典型的把老實人當成傻子的事件嗎？《聖經》裡有這樣的話：「正直的人多煩惱。」其實，如果約瑟照著這個女人的意思和她上床，就不會惹上牢獄之災。約瑟在監牢裡，是否會因為自己的正直而感到後悔呢？《聖經》〈創世記〉第卅九章第廿一到廿三節這麼說，「上主仍與他同在，對他施恩，使他在獄長眼中得寵；因此獄長將監中所有的囚犯都交在約瑟手中；凡獄中應辦的事，都由他辦理。凡交在約瑟手中的事，獄長一概不聞不問，因為上主與他同在，凡他所做的，上主無不使之順遂。」竟然他在牢裡也是一樣，成為一位凡事都可以委託的人。如果約瑟說：「我是被冤枉入獄的。波提乏這傢伙！其實是那個女人才該被關進監牢的！」如果他這樣怒罵的話，他還有可能會得到獄吏的信賴嗎？

約瑟因為受哥哥們的憎恨而被賣到異鄉，在這樣寂寞孤獨的環境中，並沒有自暴自棄。他默默的工作，受到波提乏的喜愛與信賴而成了管家。對身在異鄉的他而言，波提乏正是他最能夠依靠的人，再也找不到像波提乏這樣能夠肯定他、疼愛他、重視他，以及安慰他的人了。然而波提乏對他的信賴與疼愛已消逝，換得的是把他關進監牢這般的怨恨而已。

世界上有像這樣淒涼的事嗎？而約瑟並沒有做出背叛波提乏的過錯。不過我想，即使在這樣的晦暗孤寂當中，約瑟的心還是一直向著上主，所以他仍然能夠開朗自在。因為他敬仰上主，不會因為波提乏的妻子而犯罪。只要上主知道他是正直的，他也就心滿意足了。所以約瑟絕對沒有認為自己是「老實人被看作傻子」。

相信上主的人不會像近視眼的人對事物視若無睹。「唉，被當傻子了，虧大了」，不會因為這些小事就大呼小叫。所謂做了「正確」的事，是指除了這樣做之外，沒有更合宜的了；因為更相信上主而了解「凡事都有其因果關係」的道理，而且不會急著要得到結論。可能我們自己會認定這就是結論了，事實上這卻是一切的開端也不一定。

就算被冤枉而入獄，約瑟並沒有絕望。他沒有怨天尤人：「啊，我這輩子完蛋了。」相信上主的人不會就這樣失去一切，即使是死亡也不意味著終結，更不是絕望。即使臨死之時，也是仰望著上主的國度而死去。

有一次在閒聊時，我們教會的川谷牧師說了類似這樣的話：「凡事都丟給別人的人，沒有資格當負責人。」我深深覺得牧師所說的話很有道理。把人家託付給我們的事丟給他人，的確是不負責任的行為。一件事情變得複雜難處理，就丟給他人去解決，還說「那個人不行」、「這個人不行」、「我辦不到」。逃避責任不是一個有責任感的人應該有的行為，而逃避責任也就相當於絕望的行為。

聽到川谷牧師的這些話時，我心裡在想（唉，那我一定也無法成為負責人了。）一個有責任感的人不論遇到多麼棘手的事、或是多麼難以應付的人，都能夠勇於承擔、勇於面對才行。

不過再仔細想一想，所謂的負責人，不見得專指哪個團體的領導人，或哪個協會的會長。一位專職的家庭主婦，身負家庭和媽媽的責任，若是認為做家事很無聊，所以離家出走；教養孩子太麻煩，所以拋棄孩子，這就是逃避責任的行為。身為一個人，我們也因此背負著許多的責任，不可以藉著逃避責任而苟活。而「像我這樣的人變得怎麼都無所謂」、「我看我還是死了算了」，像這種自暴自棄而且絕望的說辭，就是迴避問題、無法面對困難且沒責任感的人說的話。

比自由的人還自由

有點遠離話題了。雖說約瑟被關在監牢裡，他依然用著和以前一樣的方式生活。在監獄中或在俘虜收容所也好，要像一般人一樣過日子並不容易。所以約瑟即使是平常也和他身為總管一樣，不是見人說人話、見鬼說鬼話，而是個誠實、用愛心待人的人。也因為這樣，即使在監牢裡，他仍然受到典獄長信任，成為一位凡事都可以委任的人。

像這樣的約瑟，稱呼他是真正有信仰的人，也不為過吧！雖然他被當作奴隸賣到埃及，卻成為一位凡事都可以受委託的人，其實他比自由的人還自由。現在，他雖然是個囚犯，監牢中的事全都交付在他手中，他就像監牢中的典獄長一樣的自由。

《新約聖經》裡有這麼一句話：「因真理而得到自由。」所謂的真理是指耶穌基督，讓我們能夠得到自由，這一句箴言，其實就是個真理。真理讓我們身為一個人，做自己該做的事，並賜給我們擁有得以自由的力量。憎恨的人也有不憎恨的自由，不論是誰都有被接受的自由、作正事的自由、避開誘惑的自由，總之上主賜給我們在他之內的全然自由；也就是說從罪惡中釋放而得到自由。我覺得藉由約瑟的求生方式來證明一件事，就是把這當成一個有象徵性的，就算變成奴隸也好、囚犯也好，有限生命的人只要與上主和好便能得到自由。

人類在沒有任何希望，處在絕望的狀態下，才能了解真正的價值是什麼。《聖經》說：「獄長將監中所有的囚犯都交在約瑟手中；凡獄中應辦的事，都由他辦理。」而且還說：「凡交在約瑟手中的事，獄長一概不聞不問。」總之，約瑟做什麼事都不用和典獄長商量，凡是他想做的都能照自己的意思去做。再說這個監牢裡關著的都是埃及法老的囚犯；也就是觸怒法老而入獄的人，可想而知多半是政治犯。

夢境成真了

被關的這些人當中，有一個是幫忙法老管理酒的司酒長，另一個是照顧法老飲食的司廚長，因其中一人疑似毒殺法老而使得兩人被關進牢裡。這兩個人有一天晚上各作了一個意味深長的夢。他們都覺得是不祥的夢，所以顯得一副鬱鬱寡歡的樣子。約瑟關心親切的問：「發生什麼事了？」兩個人各自陳述自己的夢。約瑟聽了就幫他們解了夢。到底他們作了什麼夢，約瑟又怎麼幫他們解夢？內容其實非常有趣，但是考慮到這本書的頁數問題，在此就略過不談了。總之請參閱〈創世記〉第四十章。司廚長在約瑟幫他解夢之後的第三天被判處死刑，司酒長則是在解夢之後的第三天無罪開釋，恢復原職。對於司酒長，約瑟這樣告訴他；「你重回你的工作時，請不要把我忘了，拜託你在法老面前幫我說一些好話。因為我在這裡也沒有做過什麼，他們卻將我關在監牢裡。」

「好啊，像你這樣優秀的人不應該被關在監牢裡的。我一定會向法老說情，讓你能夠從牢裡出來。」司酒長大概這樣和約瑟做約定吧。但是司酒長出獄之後竟然把約瑟的事給忘了，就這樣又過了兩年。真是一個過分的人啊！

有一句日本俗話「別人的痛楚可以忍三年。」自己有過入獄的經驗，為了想要早一點脫離，一定無時無刻的祈求，然而司酒長卻把約瑟的請求給忘了。更重要的是，約瑟幫他解開讓他感到不安的夢，而且約瑟所講的事也都一一實現了。

這實在不能說是和自己完全無關。其實人很容易忘恩負義。那些自己處於困境的時候來幫助我們的人、臥病在床孤單寂寞時在身邊安慰我們的人，很快地就被我們給忘了。作為一個人並且能夠存活到現在，我也不清楚究竟在多少人的庇蔭下才能擁有現在的狀態。但是就這樣輕易的忘掉人家對我們的恩惠，豈不是件令人感到慚愧的事嗎？

這兩年的時間，就像被甩掉一樣，約瑟如何生存下來？他還是一樣仰望著上主，度過他的每一天。《舊約聖經》裡面有類似的一句話：「不仰賴用鼻子呼吸的人。」約瑟這樣討好司酒長拜託他說好話，的確在上主的面前蒙羞了。一位有信德的人，是完完全全地仰賴上主而已。因為無法相信人，人才信上主、求上主；雖說如此，多數人卻相信與其求上主不如求人。在充滿期待時所換來的是背叛離棄，因為無法信賴而心懷抱怨的人，到底又有多少？基督徒不好好自我省思是不行的。

被司酒長忘掉的這兩年，相信約瑟也更學會了凡事都應該仰賴上主；對約瑟而言，正是可以好好學習成長的兩年。就在兩年之後，法老在一個晚上作了兩個奇怪的夢：第一個夢是夢見有七隻肥壯美好的母牛被七隻乾瘪醜陋的牛吃掉了。第二個是有一株長了七枝晶瑩飽滿的麥穗，被長了七枝細小孱弱的麥穗給吞蝕掉的夢。這兩個夢使法老寢食難安。這到底在暗喻什麼呢？雖然找來全埃及中有能力的術士和智者來幫忙，但是沒有一個人能夠給法老解夢。這讓法老更煩悶。這個時候司酒長想到了約瑟，便告知法老約瑟幫他以及司廚長解夢，還有他說的全部都驗證了的事。法老馬上將約瑟從牢裡放出來，詢問約瑟是否可以幫他解夢。於是約瑟便回答說：「這不是我所能的，只有上主能給陛下一個吉祥的解答。」這是何等謙虛又美好的回答啊！約瑟把所有的榮耀都呈獻給上主。法老所做的夢意味著，埃及將有七個豐收年，緊接而來的是七個飢荒年，而且豐收年的成果將被飢荒年所消滅。約瑟很仔細的把夢的內容說明給法老聽。法老向臣僕驚嘆的說：「像他這樣的人，有上主的神住在他內，我們豈能找著另一個？」再向約瑟說：「你要掌管我的朝廷，我的人民都要聽從你的號令。」「看，我立你統治全埃及國。」法老將自己手上的戒指戴在約瑟手上。這個戒指上面刻有法老徽號。法老又說：「沒有你的同意，全埃及國，任何人不得做任何事。」也就是說法老給了約瑟非常大的權利。因此，這一次是埃及全國被託付在約瑟的身上。

《聖經》裡說：「凡事都有其因果關係。」實際上，約瑟是被冤枉而下獄的，然後司酒長又把他忘了兩年，即便如此，對約瑟也好，埃及也好，都是一個令人皆大歡喜的好結局。在監牢裡的生活使約瑟可以看到「人」，也看透了「世間」。年僅三十歲的約瑟成為一國的宰相，他以不像三十歲人的成熟方式、高明的手腕來治理埃及。正如同他解夢時所講的，會有七年的豐收和七年的飢荒，而這次飢荒也延伸到附近的國家。約瑟的父親兄弟所在的迦南也因飢荒而受苦，將他賣掉的哥哥們為了要買糧食來到了埃及。為了預防饑荒，埃及早在七年前就做好防災的準備，因此有大量的糧食可供應。

這時候，約瑟和他的哥哥們再次見了面，只是他們不知道埃及的宰相竟然是被他們賣掉的約瑟。如今卻像當年約瑟所做過的夢，他們圍著約瑟並且向他下拜。〈創世記〉第四十二章到四十七章是描述他們再相會的故事，內容相當有趣，讓人一氣呵成地讀完。看到了約瑟的寬容心以及對於親人手足的愛，感動落淚的不是只有我一個人而已。雖然很想與大家分享，但是這個部分的內容我還是希望大家能夠親身去體會，所以從略了。像約瑟這樣美好的故事，在《聖經》裡面也是很少見的。

但是連約瑟這樣的人，因為兄弟們對他的憎恨而在年輕時被賣掉了，這對我們一般人而言，豈不是件意味深長、值得省思的事嗎？因為，上主把當年那個約瑟改變成了一個優秀有作為的人。

09 律法・十誡——法律不是那冷冰冰的條文

從前面讀到這裡為止，認為《舊約聖經》只是寫著一些「故事」而已的，大有人在吧！所以，在這裡我想用幾點，將整本《舊約》做個簡單的介紹。

在前面也說明過了，《聖經》裡面有分《舊約聖經》和《新約聖經》兩個部分。《舊約》共有卅九卷①，《新約》有廿七卷，所以一共有六十六卷。三×九＝廿七，我想應該有許多新教的基督徒都這種用九九乘法的模式來幫助記憶。一共有卅九卷的《舊約聖經》預言到救世主耶穌將來臨，是讓人充滿希望期待的部分；廿七卷的《新約聖經》則是記述著耶穌基督的到來，還有相關的內容。另外，也有這樣的說法：《舊約》是指上主所訂定的舊的盟約，《新約》則是指新的盟約。

《舊約聖經》分為三大部分：

歷史（〈創世記〉到〈以斯帖記〉，共十七卷）

詩（〈約伯記〉到〈雅歌〉，共五卷）

預言（〈以賽亞書〉到〈瑪拉基書〉，共十七卷）

另外有一種分法是分為歷史、律法、詩篇、預言四個部分。所以《舊約聖經》並不是都像目前為止讀到的〈創世記〉一樣，盡是高潮迭起內容豐富的故事而已，當中也包含有詩、律法、預言等內容。

──〈以斯帖記〉【艾斯德爾傳】

──〈約伯記〉【約伯傳】

──〈瑪拉基書〉【瑪拉基亞】

① 編者按：《舊約聖經》的內容，天主教、東正教和基督新教三個體系所採信的不盡相同。天主教的有四十六卷，比新教多出：〈巴路克〉、〈多俾亞傳〉、〈智慧篇〉等七卷。這七卷至今最早的版本都只有希臘文。東正教則有四十八卷，比天主教的多出：〈瑪拿西禱詞〉（Prayer of Manasseh）等。本書作者在此所指的是基督新教所採用的《舊約聖經》。

細說摩西十誡

以前有一部電影叫《十誡》（一九五六年）。我第一次到旭川的時候，大概是在十五年前左右吧！那時我度過了長年的療養生活，終於被允許外出了。當時，我的朋友、也是我的醫師告訴我：「讓我請客吧！我希望你去看《十誡》這部電影。」他必定考慮到我這個長年在療養院生活的人的狀態，而向我推薦這部電影吧！總之，《十誡》是沒錢也要借錢請人去看的一部電影。

《十誡》是用《聖經》〈出埃及記〉而拍成的一部電影。先前所談到的約瑟，得到埃及法老王的信任，在埃及擔任宰相，施行德政。但在經過多年後，和約瑟同年代的人們也逐漸死去了，不論是多麼好的人終究還是會死去。約瑟死了之後，和約瑟同族的以色列人在埃及快速繁衍，人數之多讓埃及人備受威脅。這種感覺是必然的，如果住在日本的外國人比日本人多，我想一定也有同樣的感覺。

——〈出埃及記〉【出谷紀】

就算當年約瑟做過了多少善行德政，過了多年後終究會被遺忘的。埃及一位不認識約瑟的法老王即位了。這位法老王壓迫繁衍眾多的以色列人。上主想將這些受苦受難的以色列子民從埃及救出來，因此將這個重責大任託付了摩西。摩西從上主那裡得到了各種神奇的力量，率領同胞逃離埃及，實際上他所帶領的人數，應該超過兩百萬人吧！一個小家庭要移居海外已經是一件不容易的事了，更何況帶著兩百萬人的民族從埃及脫逃。小說家也無法想像，並撰述這樣充滿戲劇性的超級壯烈故事吧！這部分的故事，非常有趣而且充滿戲劇性，也因為太出名了，所以我省略不再多做說明。只是，這部分值

——摩西【梅瑟】

得注意的不只是令人感到有趣的內容、或是充滿戲劇性而已，我們必須了解這個民族大遷徙的背後，有著上主的偉大計畫。

身為領導者的摩西在帶領民族出埃及的途中，上主在西乃山將十條誡命賜給了他。電影中的場景是：紅色的火燄將文字刻在石頭上。當我看到這個部分時自問：上主的話是否和電影描述的一樣刻畫在我的心底？刻在我心中到底又是什麼樣的內容呢？

《聖經》裡「十誡」是用什麼樣的形式記載著？因為不是很長，我在此敘述十條誡命的內容，記載於〈出埃及記〉第廿章第二到十七節。為了要讓讀者容易了解，在各誡條上註明了編號，實際上《聖經》裡面沒有註明這些號碼。

一、我是上主你的天主，是我領你出了埃及地、奴隸之所。除我以外，你不可有別的神。

二、不可為你製造任何彷彿天上、或地上、或地下水中之物的雕像。不可叩拜這些像，也不可敬奉，因為我，上主，你的天主是忌邪的天主；凡惱恨我的，我要追討他們的罪，從父親直到兒子，甚至三代四代的子孫。凡愛慕我和遵守我誡命的，我要對他們施仁慈，直到他們的千代子孫。

三、不可妄呼上主你天主的名，因為凡妄呼他名的人，上主決不讓他們免受懲罰。

四、應記住安息日，守為聖日。六天應當勞作，作你一切的事；但第七天是為恭敬上主你的天主當守的安息日；你自己、連你的兒女、你的僕婢、你的牲口，以及在你中間居住的外方人，都不可以作任何工作。因為上主在六天內造了天地、海洋和其中一切，但第七天休息了。因此上主祝福了安息日，也定為聖日。

五、應孝敬你的父親和你的母親，好使你在上主你的天主所賜給你的地方，延年益壽。

六、不可殺人。

七、不可姦淫。

八、不可偷盜。

九、不可作假見證，害你的近人。

十、不可貪你近人的房舍，不可貪戀你近人的妻子、僕人、婢女、牛驢及你近人的一切。

當我第一次讀這十條誡命時，第四條讓我不自禁地笑了。在日本也有國定假日跟一些休假，但是「都不可以作任何工作」這種事恐怕不用寫在條文上吧！而且連家畜也不做工這種事都寫在上面，《聖經》裡面居然連家畜都必須放假這種事都有規定。反正，當時我正好是對於《聖經》抱著有一點興趣、但又有一點反感的時期，看了也是一笑置之罷了。

「這些條文真親切！」我心裡只是這樣想。另外，當我讀到第五條的「應孝敬你的父親和你的母親」，心裡有些怪怪的感覺。「十誡」相當於以色列的法律，稱之為憲法也不為過。就算需要提倡道德感，也不用特別強調孝敬父母這樣的事。所以當我讀到這裡時不太能夠接受。

但現在我的心裡對於「十誡」則是充滿了讚嘆。不對，說「讚嘆」又有點辭不達意。因為「十誡」明白讓我們知道，人類終究還是和上主不一樣的，內容相當嚴肅。拿日本憲法來比比，至少從最先的第一頁序論開始讀到第十條吧②，必然可以了解我所謂的「嚴肅」是什麼意思。「十誡」表面上看起來很簡單樸實，卻是真正存在、是主權者上主對於人所提出的疑問。當中的重要性與震撼力，強烈到我不想感受都不行。接下來我想針對之前加上序號的十誡，以個人觀點簡單地論述。

首先要談的是起頭的那一句話：「**我是上主你的天主。**」這一句關於關係的宣告是何等莊嚴啊！就和人與人之間的關係，像在結婚儀式中宣告「今天開始你們兩人就是夫妻了」也是一樣地莊嚴。以上主宣告祂和以色列人民的關係為基礎，藉由十誡來訂定，以色列選民的法律就這樣產生了。

在十誡裡前面的四條是有關於人對於上主所應遵守的戒律。第一是「**除我以外，你不可有別的神。**」簡單明瞭，不用說明也看得懂，卻是相當有分量的一句話。但我們是否真的有做到「**除我以外，你不可有別的神**」呢？有沒有什麼人或是事物讓我們看得比上主來得重要？「生意」、「事業」、「金錢」、「名譽」、「丈夫」、「妻子」、「子

② 編者按：現今《日本國憲法》第一章共八條，定位天皇。第二章一條，放棄戰爭。第三章共三十一條，規定國民的權利和義務。

女」，當然還有「自己」。我們是否把這些看得比上主重要？人總是自認為「自己所想的」比「相信上主的心」正確；又覺得「世人的眼光」比「上主的眼睛」可怕，不是嗎？若是這麼想，那麼在第一條誡命這裡，我們就不得不低頭捫心自省了。

第二是「不可為你製造任何彷彿天上、或地上、或地下水中之物的雕像。不可叩拜這些像，也不可敬奉。」也就是說不可以將偶像當成神來祭拜。偶像也可以叫作木偶。人從什麼時候開始祭拜用自己的手雕刻出來的東西呢？山室軍平牧師的《民眾的聖經》裡面談到兩則有關於亞伯拉罕的傳說。

亞伯拉罕的父親製造並販賣偶像。年輕的亞伯拉罕對於這件事感到不滿。有一天，父親不在的時候有客人來買偶像。亞伯拉罕這樣問了客人：「請問您貴庚？」客人回答說：「六十了。」

亞伯拉罕就對客人說：「您已經六十了，還祭拜這尊用人的手花不到六個鐘頭雕刻出來的偶像嗎？您覺得這樣做會得到祝福嗎？」

客人感到很意外，什麼也沒有買就回去了。

還有一次父親外出回來，發現有幾個偶像受損而東倒西歪。「這到底是怎麼回事？」「這些神明為了爭奪祭拜的供品而吵架，結果就如您所看到的，大家都損傷了，而且東倒西歪。」

「說什麼傻話！沒有生命的神明怎麼會吵架！」

「那麼，有生命的人們向沒有生命的偶像低頭跪拜，您覺得這樣做好嗎？」亞伯拉罕曾這樣勸告父親。

《舊約聖經》〈以賽亞〉中有說，「製造雕刻偶像的，盡都虛空。」「誰製造偶像，鑄造無益的偶像。」「他自己取些樹木烤火、又燒著烤餅，而且做神像跪拜。」「他用剩下的樹木做了神，就是雕刻的偶像，他向這偶像俯伏叩拜，禱告說，求你拯救我，因為你是我的上主。」③

我想要引用的內容實在太多了。不過，我想問的是，我們每天合掌敬拜的對象是誰？我們真的知道這是誰嗎？對著人們用木頭、或是鐵塊製造的東西叩拜，我們是否一直重複著這些愚昧的動作？對著什麼能力也沒有的東西跪拜，人仍然無法得救。假設把一個人偶和一個人在一起，卻無視於這個人的存在，而只向人偶打招呼會是怎麼樣呢？明知上主的存在卻又向偶像叩拜的愚昧舉動，等於對上主做出失禮的行為。

重要的是態度

下一個想探討的是第三「不可妄呼上主你天主的名。」為什麼不能直呼上主的名字，起初我也不大清楚。甚至我還認為，愈是呼喊上主的名字愈是有信德的表現。但是接下來《聖經》這樣說：「因為凡妄呼他名的人，上主決不讓他們免受懲罰。」

有位朋友第一次到上司家裡拜訪。萬萬沒有想到這位上司的夫人竟然是他小學的同

③ 以上詳細內容與文字請參照〈以賽亞書〉第四十四章。

學。他又驚喜又很懷念的對上司夫人說：「嗨！妳不就是小××嗎？」他的上司很生氣而面有難色地對他說：「喂！小××是什麼意思？你未免太失禮了吧！」當我聽到這位朋友告訴我這件事的時候，我馬上聯想到「因為凡妄呼他名的人，上主決不讓他們免受懲罰」這句話。其實重要的問題是在於面對上主的姿態和態度。不可以用輕浮又失禮的態度來稱呼上主。我們每天獻給上主的禱告又是如何？懶懶散散、或是老愛誇讚自己呢？想一想自己這種半生不熟的信仰態度時，對於第三條戒律總是會令我覺得可怕。對於上主，我必須抱持著更虔誠、更真摯的態度來敬拜才對。

第四條戒律是「應記住安息日，守為聖日。」在很小的時候，我就知道禮拜天學校放假不用上課，但是為什麼會放假，我就不知道了。在日本，不知道從何時開始禮拜天成為假日？總之在我進入小學時，禮拜天就是假日了。④

禮拜天為什麼放假呢？《聖經》裡面說到，因為在六日中上主創造了天地等等，所以第七日便休息了。而且上主為了慶祝這一天，稱之為上主的安息日。其實安息日應該是禮拜六才對，不知從何開始，禮拜天成了聖日，也就變成了放假日了。有個說法是為了要紀念耶穌復活，因為那一天剛好是禮拜天⑤。所謂的安息日，並非為了不用上班工作，或是為了遊玩而設定的日子，這一天是要靜下自己的身心與朝拜上主的日子。如果要說有什麼事情是不可以做的，那就是拿著上主以外的俗事來擣亂身心。

以色列人是個嚴守安息日的民族。在安息日裡，夫妻不可同床，就連升個火、煮個飯都不可以。而且，在安息日這一天的活動範圍只限於一公里以內而已。從前，以色列曾經在安息日時受到敘利亞的攻擊，結果以色列人居然不戰而死，也就是說他們死守著十誡裡的第四條戒律。其實有關於安息日，在經過多年的歲月中添加了許多附加規則，也變得十分複雜，流於嚴苛的形式化。後來耶穌才將這些錯誤徹底導正，回歸法律的真正精神。

以上的部分是談到十誡的前四條戒律。正如前面所提到的，這也就是有關於人對於上主所應遵守的戒律。要以真實的態度面對上主，這正是法律的根源。若是無法以真誠的態度面對上主，還能夠如何遵守人與人之間的約束、盟約，以及戒律？我們若是相信上主，並且憑著良心過著正直無欺的生活，那麼再怎麼重要的約定，我們一定能夠安心的遵守。但是，平常的生活態度就是怠慢、喜歡說謊的人，相信從一開始就無法與任何人訂下任何約定吧！「好吧！那就這樣決定了！」即使這樣說，也不見得會遵守吧！

上主是神聖的，是可敬畏的，以真實的心面對上主聖言，一開始便會完全遵循這些規定：「應孝敬你的父親和你的母親」、「不可殺人」、「不可姦淫」。摩西以十誡為基礎來訂下了許多法律規章，他所強調的，最重要的莫過於人對於上主所應遵守的戒律，這是相當偉大美好的決定。藉此，「十誡」將永遠綻放光芒引領人心。

④ 編者按：日本是西元一八七三年改變曆法，將明治五年十二月三日改爲明治六年一月一日。明治九年（一八七六年）開始星期天休假。參見日本鑽石社編著《圖解日本史》：易博士文化出版。

⑤ 編者按：《新約》四部福音書都提到，耶穌是一週的第一天復活。〈馬可福音〉強調：「安息日既過，一週的第一天。」（第廿八章第一節）。羅馬皇帝君士坦丁一世（Constantine I）西元三二一年三月二十一日命令全羅馬帝國每個星期天（dies Solis）都休假。

「我」的存在是奇蹟

接下來要談的是第五條戒律：「應孝敬你的父親和你的母親，好使你在上主你的天主所賜給你的地方，延年益壽。」這句話不只就這麼一次，兩次、三次、五次也好，總之希望能夠多讀幾遍。這麼做，相信會產生許多疑問或是新的發現。第一條到第四條戒律是有關於上主與人之間的關係，界定人對於上主所應有的態度。

討論過上主與人之間應有的關係後，接下來要談的是我們必須要孝敬父母。其實這條並非任意地放在第五，而是有其特殊而必要的意義。

人與人的關係絕對不會像父母與子女之間的關係，不可思議地密切。即使是討厭或看不起自己的父母，卻也無法反駁因為父母，自己才能存在在這個世界上的事實。除了自己的親生父母之外，不會有別人能把自己生在這個世界上的。

一個男的和一個女的結婚，然後生下小孩，並不會讓人覺得不可思議。的確是這樣，一對男女生下孩子是很自然，並不是什麼稀奇的事。然而這個被生出來的孩子，就自我本身的存在，就不能說是個不稀奇的事了。因為父母親在某一天或是某一個晚上沒有同房，這個世界可能就不會有自己的存在，或是隔天也是一樣，大概自己就不會出生了。

據說，有三億六千到六億個左右的精子當中，才有一個精子會與卵子結合，而產生一個新的生命。這是相當神奇奧祕的事。如果卵子是和這幾億的精子當中的其他精子結合，就不會有今天的自己了。再往上追溯，假如自己的父親和別的女性結婚，自己的母親也和別的男性結婚，現在也不會有自己這個人的存在了。男女彼此邂逅，也不能斷言為偶然，這是有相當深切的關係。

以上是針對人自己生存在這個世界上的「奇蹟」、或是說機率（若是要算出正確的機率，大概是幾兆分之一吧），提出幾個例子來與大家一起思考。其實對於自我存在的事實，是否應該用更謙虛的眼光來看待？

當人們談到高中或大學的升學率是十分之一或廿分之一的時候，再看看出生在這個世界上的機率是幾兆分之一，實在是無法比較的數字。如果每個人可以這樣想，就不會有人說出「我又沒有拜託你把我生下來」這樣沒經過大腦思考膚淺的話了。不是什麼人，而是「自己」本身被生出來這件事，是非常嚴肅的一個事實，不見得用「拜託的」就辦得到。若要說真話，如果沒有上主的許可，我們是不可能、也不被允許出生在這個世界上。

況且我們常常用理所當然的態度反抗，或是用輕視的眼光看待父母，肯花心思考第五條戒律「應孝敬你的父親和你的母親」的人恐怕很少吧！搞不好還會說「說什麼要尊敬，像我們家老子那樣不懂事的人，你說值得尊敬嗎？」、「我才不想像我媽媽那樣老是抱怨東抱怨西的，像那樣的人根本不值得尊敬！」之類的話。在這個世界上確實有許多被孩子捨棄的父母，其中有不少是貪婪的父母、暴力的父母、懶惰的父母、傲慢的父母、性侵害子女的父母。

我家也接待過好幾個因為覺得無法尊敬父母而離家出走的女孩。當中也有瞧不起繼父而離家的。雖說每個父母都不一樣，我想讓子女覺得無法尊敬的父母也大有人在吧！話雖如此，在這裡《聖經》卻很嚴肅的教訓我們「應孝敬你的父親和你的母親」。

在我的觀念裡，所謂的信德就是服從上主的旨意，我的想法就這麼單純。若是真能全心全意去愛上主，不管什麼樣的旨意必然會服從。當然說來也蠻可恥的，我的信德不夠虔誠，但是至少被問到「尊敬自己的父母嗎？」的時候，搞不好會讓人覺得我的答案有些辭不達意，但至少我還能說出「我尊敬我的父母」而不加上「不過，無法尊敬不好的父母」這句附帶說明。

以謙遜的心順從

剛好，在《新約聖經》〈以弗所書〉第五章第廿二節說：「你們作妻子的當服從自己的丈夫，如同服從主（耶穌基督）。」其實這是一樣的。這句話並不是「服從於好的丈夫，如同服從主。」不管是好還是壞，努力工作還是好吃懶做，不老實還是有外遇的傾向，總之必須要「應當服從自己的丈夫，如同服從主。」

——〈以弗所書〉【厄弗所書】

我最近覺得自己的心深深的向著上主。為什麼？上主所賜給我們的話語：「應孝敬你的父親和你的母親」，還有「應當服從自己的丈夫，如同服從主」使我覺得，若是用謙虛的心來順從，往後的事，上主會為我們擔當一切，凡事會得到妥善的解決。上主不會毫無責任地隨便下命令。上主必定讓我們與父母的關係，或是與丈夫的關係，以驚人的速度得以修復改善。

前面提到的那個因繼父而離家的女孩在我們家住了幾天。我們夫妻和她談了許多事，並勸告她要回家向爸爸道歉，以後可以好好的敬愛爸爸，如同《聖經》所教導的勸告她。對於又年輕又有潔癖的她而言，就是無法尊敬爸爸、沒有辦法愛爸爸才離家，所以我們對她的勸告是相當困難的要求。很意外的，她和我們達成約定並且回家了。經過幾天之後，我們收到了她的來信。信裡這麼寫著：「老師，爸爸這麼告訴我：『都是爸爸不好。從今以後一定會做個好爸爸。所以請妳忍耐一下，爸爸會好好改變自己的。』請和我一起高興吧！爸爸竟然親口說他要改變自己！這到底是怎麼一回事呢？」而且她還告訴我們，她又開始上教堂了。「……您覺得如何呢？因為一直以來，在心底總是懷著上主是否可信的想法，這種轉變是因為和基督徒接觸而來的嗎？從來沒有和我融洽地談過話的人們，從那一天開始，忽然很親切開朗地和我談起話來。真是不可思議！如果我的心改變了，周圍的人也會和我一樣改變吧！我似乎能夠真實了解這樣的感覺了。從今以後，我要更加努力改變自己。」

以上是來信的原來的內容。自己願意放下身段來對待父親時，父親的態度也改變了。這就是遵從上主的旨意所得到的結果。會有人覺得這只不過是偶然發生的事嗎？

在我的隨筆集《愛與信》當中曾經談到這樣的事。在一次演講之後，有人問我夫妻圓滿的祕訣是什麼，我也不知道如何回答才好，因此引用了一位老師告訴我的話來代替回答。他說：「《聖經》中提到，當順從自己的丈夫，如同順從主。如果自己的丈夫是個小偷，他要你在一旁把風，你就必須閉上嘴、好好地把風。如果自以為是地勸告丈夫別再當小偷了等等之類的話，這就沒有做到順從自己的丈夫如同順服主了。這樣的說法可能會讓人覺得我很過分，不過照這樣做的太太們，夫妻關係都變好了。」不久之後我收到了一封信。內容是：「我是一個結婚超過二十年的家庭主婦，我和外子之間已經到了不離婚不行的狀況，彼此之間的感情非常冷淡。當我聽到您的談話時，有個地方令我覺得感觸很深。小偷丈夫要妻子去把風時，妻子就照樣做，我也照您說的方式試試看了。結果呢？我先生逐漸回復到起初的樣子，夫妻之間的危機也得以化解了。」

現在，我仍然不會忘記當時收到這封信時有多驚訝。我們總會賣弄自己的小聰明，或是要點生澀的經驗，就想要反抗上主的旨意了。上主告誡「應孝敬你的父親和你的母親」，我們好好的遵守就是了。世界上沒有所謂的完全無法尊敬的人，人至少有某個地方是值得尊敬的。但是人類心胸狹小，而且非常傲慢，就算是了不起的人，也因自己偏狹的眼光，無法感受到他了不起之處。日本有句諺語「婢女眼中無英雄」。婢女是指服侍人家的女人，無論服侍的英雄再怎麼厲害，她還是會看到英雄最糟糕一面，而失去了對英雄尊敬的心。女人家常會陷入這樣夢幻破滅的現實裡，也就是這句諺語的意義所在。不過，這種現象並不單單是指女人而已，像小孩子也會無法用公平的心態來看待自己的父母。

「應孝敬你的父親和你的母親」，是接續上主與人之間的關係後所出現的戒律，具有很深遠的意義。一個人若是沒有辦法接受自己的父母，又怎麼能用正確的方式來接待他人。不過這也是因人而異，可能會有人說沒有辦法接受自己的父母，但是可以接受自己的朋友。但是，這是因為朋友不像父母一樣一直在我們身邊，若是朋友也一直生活在自己身邊又會如何？結果可就不一定了。

所以，正確的親子關係，可以說是正常人際關係的基礎。若是與父母保持正常關係，就像之前所提到的離家出走的女孩一樣，人際關係也會變得正常。我將這些話做了這樣的解釋。總之，上主「命令我們去做」的，我們是否真的用心遵守上主的旨意？是否重新再確認過，是因著完全信賴而心甘情願地順從，還是只是假意順從？主耶穌基督在客西馬尼園禱告時說：「不要照我，而照你所願意的。」我也想這樣學習耶穌的禱告。

請注意一下十誡的第六條，「不可殺人」。這個也沒有附加什麼說明。

什麼人都不可以殺害，這不用說也知道。也許還會想，我怎麼可能殺人？可是，命運是很難預料的，搞不好我們在某些時候、或是因為某些人的緣故殺人了。在我們的周圍有許多殺過人的人，我是指那些上過戰場的人。如果我是個男人，大概也有拿著槍去殺害不認識的敵國人的經驗吧！或許會有人說：「啊，戰爭嗎？那又不一樣了。那又不是自願的。沒有辦法啊，因為那是國家的命令。」也因為這樣，若是再有戰爭發生時，又可以藉口說：「這又不一樣了。沒有辦法啊！」不就又會有人被送到前線去殺人嗎？女人們也必須因為「沒有辦法」，再將丈夫還是子女們送到戰場嗎？

可是，真的是「不一樣」所以「沒有辦法」嗎？因為是戰爭所以殺了人沒有關係，上主絕對不會允許這樣的事。因為上主的指示只有「不可殺人」。

第二次大戰時，一群基督新教貴格會（Quaker）的會友，面臨任何拷問時也都沒有拿槍。幫我洗禮的小野村牧師，他曾因為提倡反戰而被抓進監牢。「與其順服人，不如順服上主」，像這樣順從上主旨意的大有人在。順服上主的旨意，是指必須做到這麼徹底才可以。我們基督徒就算被殺掉，還是有許多問題需要我們去發聲面對，完全和平正是最該大力提倡的第一個問題。即使對象是蘇聯、或是美國人也一樣不可以殺害。不能因人而異，認為共產主義者可以殺害、資本家怎麼殺也殺不完。因此我覺得身為一個基

客西馬尼園【革責瑪尼莊園】

督徒必須花更多心思，用更樸實的態度來傾聽上主給我們的旨意。我想應該將所有的判決交付在上主手中，用禱告與愛心來發聲才是。如果每個人都能這麼想，我想人們便從小就可以笑口常開了。

突然轉移到戰爭的話題，或許有些突兀，但人們若是沒有做到這樣，「不可殺人」就失去其意義了。第六條的戒律，其實和《新約聖經》〈馬可福音〉第五章裡誰都知道也是必讀經節，也就是耶穌所講的道理是相關的。〈馬可福音〉第五章提到，主耶穌基督說：「向兄弟動怒的、覺得兄弟是愚蠢的，都是罪過，都會受到審判。在盛怒或是互罵中衍生出來的種子便是殺意。」耶穌的用意在指這些都是出自同一個源頭的事實。

第七條戒律：「不可姦淫」，〈馬可福音〉第五章裡耶穌基督說：「**凡注視婦女，有意貪戀她的，他已在心裡姦淫了她。**」我想應該好好來品味一下耶穌這句犀利又嚴格的話。

我在療養的時候，有位男性朋友相當感慨地跟我說：「我這一生當中大概不會去偷竊，也不會去殺人。若是叫我不可以說謊，雖然困難，我還是會咬緊牙根身體力行。但是看見女人就動情慾，這倒是每天都會發生的事。」這個人是個老師，為人非常的誠懇。在他跟我談過這些話之後大概過了一年，突然行蹤不明。從那時開始也過二十幾年了，都沒有任何他的消息。

「不可偷盜。」是很簡單明瞭，就是不可以偷東西。依照我們一般人的倫理觀點，我們不會去偷拿別人的金錢，所以對於這一條戒律都會看一看就帶過去了。不過，嚴格的想一想，我們是否忘了我們也曾經偷過別人的心或時間。

「不可作假見證，害你的近人」、「不可貪你近人的房舍」還有「不可偷竊」、「不可姦淫」也一樣，都是不要威脅到周圍人的生活，也是我們在社會上所當遵守的最基本的倫理觀念。但是，經過了幾千年到現在，人還是做了許多違反了這些基本倫理的事。連小孩子都知道殺人和偷竊是壞事，然而現在對任何國家而言，這樣的犯罪事件仍是層出不窮。

到底為什麼會這樣？從十誡的第一到第四條，有關人對於上主所應遵守的戒律並沒有完全確立嗎？人不知道上主的厲害，只會在意一般人的眼光而已。一般人隨便混一混就可以騙過去。若是有心會做個周詳的犯罪計畫，殺人也好、篡奪他人的財產也好、侵犯鄰人的妻女也好，這些事還是做得到的，總之可以欺騙世人的眼光。但是誠心敬畏上主的人，不會想要去做欺騙人家的事，因為心裡總擔心上主正看著。

不過，這個世界上是否有完美的人？我們或多或少，與其說，害怕上主正看著，到頭來人做什麼事還是會在意他人的眼光。我們一生下來就有必須遵守第一到第四條戒律的義務，也就是說人的身上背負著原罪。因為原罪，我們沒有以上主為中心，生活全以自己為中心。因為自我本位的緣故而憎惡他人，產生慾望，進而犯下第五條戒律以後的罪過。

如果耶穌基督沒有背負起我們的罪過，我們人不知道將會變得如何呢？這個想法，還是會回歸到藉由十字架來原諒我們罪過的耶穌基督吧！

以愛作為出發點的誡命

最近，最小的弟弟家裡誕生了一個小寶寶。弟媳婦在住院時，把孩子們要在早上六點半起床、或是晚上睡覺前要刷牙等事寫在紙上，然後貼在家裡客廳的牆上。他們一共有三個小孩，分別就讀小學五年級、三年級，還有二年級。當我看到這幾條必須遵守的項目時，忍不住地笑了。我想是不是每一個媽媽生小孩或是出外旅行時，都會把一些該遵守的項目寫給孩子們呢？如果每個媽媽都寫，我想每一位所寫的內容一定都不一樣。比方說該幾點起床、或是睡覺時要做什麼。弟媳婦寫下了這些項目：

○大家要同心協力準備三餐，還有飯後的收拾。

○洗過的乾淨衣物，個人收拾個人的，整理好收入自己的衣櫥。

○睡覺前要先把奶奶的床鋪好。

○要聽奶奶的話，不可以讓奶奶操心。

看到這幾點時，我覺得相當有意思，可以想像弟媳婦平常是如何教小孩的。她對婆婆、也就是我的媽媽非常親切，也因此平常孩子們互相爭著要替奶奶搥背、鋪床，睡覺前會互相碰碰臉頰道晚安。她要求孩子們分工合作準備吃飯、並收拾飯後的東西，或是整理自己的乾淨衣物，就因為她很關心奶奶。她的心意讓我很感動。每戶人家都有他們的精神所在，當然一個國家更不能沒有。當我看到《舊約聖經》的律法是以崇敬上主做為基礎，這種崇高的精神，實在是讓我覺得非常驚訝。

〈馬可福音〉第廿二章裡，有一個部分寫到有人問耶穌說：「師傅，法律中那條誡命是最大的？」耶穌回答他說：「你應全心、全靈、全意愛你的上主。」耶穌又說：「你應當愛近人如同你自己。」耶穌回答這兩個要點，而這也正是整個律法中所包含的重大意義。想一想以色列的法律是要愛上主、愛別人，因為沒有其他法律是會排除在這兩點之外的。我想舉幾個例子來與大家分享。

「人娶了新婦，不應從軍出征，也不可派他擔任甚麼職務，他應在家享受一年自由，使他新娶的妻子快活。」（〈申命記〉第廿四章第五節）我的第三個哥哥，結婚的第一個禮拜就被征召去當兵了。我想讀到這裡時，一定有許多人也有同樣的經驗：才結婚不到半年，就丟下新婚妻子遠赴戰場，或是剛剛結婚就必須目送丈夫出征的女性朋友也大有人在。結婚後一年裡沒有召集令，沒有徵用令等等，日本並沒有這麼親切、體貼人心的法律。大約三千年前，以色列就有這樣的法律。相較之下，人家到底是抱著什麼樣的想法。再看看接下來的這個條文吧！

〈申命記〉【申命紀】

> 窮苦可憐的傭工，無論是你的一個兄弟，或是你城鎮地區內的一個外方人，你不應欺壓他，應在當天交給他工錢，不要等到日落；因為他貧苦，他急需工錢用，免得他對你不滿而呼求上主，你就不免有罪了。（〈申命記〉第廿四章第十四到十五節）

那個時代可能是算日薪吧！站在窮人的立場來說，規定工資必須在當日付清的法律，對窮人而言會是多麼大的幫助以及安慰啊！戰爭結束後的日本也訂定了勞動基準法等法規，但是在《舊約》時代就已經倡導這樣的想法了。看一看我們的社會，現在仍有不發放薪資、或是工作量過大等問題，不得不讓人覺得當時的法律是何等的先進啊！

而且不但如此，對於寄居的外國人也有明確的規定。以色列的法律對於外國人也特別用心，請看接下來的這幾部分的經節。

不可侵犯外方人或孤兒的權利，不可拿寡婦的衣服作抵押。（〈申命記〉第廿四章第十七節）

當你在田間收割莊稼時，如在田中忘下一捆，不要再回去拾取，要留給外方人、孤兒和寡婦，好叫上主你的天主在你所做的一切事上祝福你。（〈申命記〉第廿四章第十九節）

當你們收割莊稼田地時，你不可割到地邊；收穫後剩下的穗子，不可再拾。葡萄摘後不應去搜；葡萄園內掉下的，不應拾取，應留給窮人和外方人：我，上主是你們的天主。（〈利未記〉第十九章第九到十節）

在第三年，即獻什一之年，當你把你一切出產十分之一，完全取出，分給肋未人、外方人、孤兒和寡婦，並使他們在你的城鎮中吃飽……。（〈申命記〉第廿六章第十二節）

總之被命令凡事必須向上主報告就是了。利未人是指在聖殿的司祭等司職人員。對於外國人還有許多規定及法律，像這樣，外國人、孤兒、寡婦都能得到保障，可見當時的人們，對於身處異國之人生活的困苦有相當深刻地了解。

……——〈利未記〉【肋未紀】

在我住的旭川市近郊有殉難中國人的墳墓。這些人因為在戰爭時被迫強制勞動、也沒有足夠的糧食可吃、生病的時候也沒辦法得到醫治，就這樣犧牲在日本人的手中，成了殉難者。

還有韓國人，當時雖然持有日本國籍，但還是會遭受到嚴苛殘忍的對待。現今仍有許多人把韓國高中生當眼中釘看待，對於這種無情的事，我實在有著無法言喻的感受。若是這麼想，可能又會有些人會憤憤不平的說：「你這樣也是日本人嗎？」身為一個日本人，憑著我愛日本的心，更會讓我感到這些人是何等的無情啊！壓迫、侵略、歧視別的國家的日本人，即使有再多的反省也不夠。

總應記得你在埃及地曾做過奴隸：為此我吩咐你遵行這條命令。（〈申命記〉第廿四章第廿二節）

應記得你在埃及曾做過奴隸，上主你的天主曾將你由那裡救出：為此我吩咐你應遵行這條命令。（〈申命記〉第廿四章第十八節）

《舊約聖經》裡面的律法常常這樣重複的敘述。以色列人在埃及當奴隸，吃了許多年的苦。為了不將當時所受的苦又加諸在外國人的身上，所以法律做了這樣的規定。

有句話說「多年媳婦熬成婆。」這是在描述曾經被婆婆虐待的媳婦，如今自己也變成了婆婆，然後欺負媳婦的一句俗話。然而，當時以色列的律法卻是自己曾經吃過的苦，不願意再將這種苦楚加諸在他人身上。這種態度，正是對於上主的敬畏、愛，和愛人如己所蘊生的情操。不要說這不是國家所面臨的問題，就當作是個人的問題好了，不好好的用心思考是不行的。若是站在身處異國的人的立場來想，那種內心的寂寞與不安，相信自己終究還是會了解。

《舊約》中的這些律法，有很多是根據現實的問題所訂定的，在此提出一些跟待人有關的內容與讀者分享。〈出埃及記〉第廿一章第廿二到廿五節這樣的規定：

假使人們打架，撞傷了孕婦，以致流產，但沒有別的損害，傷人者為這罪應按女人的丈夫所提出的，判官所斷定的，繳納罰款。若有損害，就應以命償命，以眼還眼，以牙還牙，以手還手，以腳還腳，以烙還烙，以傷還傷，以疤還疤。

「以眼還眼」這句話到現在仍被使用著。不知不覺中《聖經》裡的話成了我們日常生活用語的一部分了。「以眼還眼」的意思，是眼睛被挖掉了，就把對方的眼睛也挖掉，這實在是一句非常激烈又痛苦，讓人震撼的報復用語。之前提到，因為以色列人曾在埃及當奴隸吃足苦頭，所以法律有規定要善待外國人，但其中出現了這句話，不是讓人覺得驚訝而且充滿震撼嗎？起初我充滿這樣的感受。不過，這不是報復的規定，而是法律中所謂的賠償。

「若是奪走了他人的生命，就拿自己的命來賠償。」、「若是打傷了他人的眼睛，就挖自己的眼睛來賠償。」、「若是打斷了他人的一顆牙齒，就拔自己的一顆牙齒來賠償。」類似這樣的意思吧！也就是說，若是自己沒有體驗加諸在他人身上的痛苦，就算不上賠償。不過，對於報復也有其規定，這是在一次牧師的講道中聽說的。人在失去了眼睛之後，必定是充滿氣憤與恨意，不但是對方的眼睛，就連命也想奪走。為了防止這樣的激烈事件發生，所以才會要人們克制，而立下只能做到「以眼還眼」這樣的法律。

在《舊約》的刑法裡並沒有提到犯罪者該坐牢三年、或是十年等的入獄規章。比方說傷了眼睛關兩年，傷了腳關三年諸如此類，完全沒看到。因此，藉由「以眼還眼」的規定做了償還，又可以恢復往常的生活了。關於這個部分，我實在搞不清楚。根據《新約聖經大辭典》的解釋，當時有監獄，但是並沒有坐牢的刑罰。若是沒有坐牢的刑罰，那麼犯了錯的人必定要承擔讓受害者覺得甘心的苦頭，也就是「以眼還眼」，才算是償還自己的罪吧！

我這麼認為，人類有著必須用「以眼還眼」這樣強迫自己忍耐的胸襟面對事物。人類對於本身所受到的痛楚，感受最深刻，所以被奪走了「眼睛」，就算是對方拿「性命」來償還也覺得不夠。就像最近發生的一則新聞，有個人在電話中被對方罵「笨蛋！」而感到一肚子火，於是就跑到對方家裡把他殺掉了。仔細思考這些內容，這正是我們看待他人的感覺。（豈可以這樣放過他！）像這樣的怒氣或是恨意，是否也曾經在我們的心中興風作浪過？這樣的想法實在是相當的過分，甚至超越「以眼還眼」的境界了。

是男？是女？分不清

那麼接下來的法律又是什麼？「女人不可穿男人的服裝，男人亦不可穿女人的衣服，上主你的天主厭惡做這種事的人。」（〈申命記〉第廿二章第五節）最近有個人走在路上。走在他前面的女士掉了手帕。於是他便說：「小姐，你有東西掉了。」

「啊，謝謝您。」回頭向他道謝的其實是一個男人。在現代生活中誰都有過類似的經驗吧！現代的男女變得不易分辨，覺得是男的，其實是女的；覺得是女的，卻是個男的，不禁讓人覺得，這世界究竟是怎麼回事。所以看到這條法律時，我想也許會引起現代人的反感吧！但是，創造了男人和女人的上主，居然會對服裝有所忌諱。保持當初被上主所創造的樣子是很重要的。而且，男人穿上女人的衣服後扮成女人去勾引同性、或女人穿上男裝打扮成男人的樣子去誘惑同性，有些男女會這樣做，不光是指服裝上或是外表上的問題，而是直接關係到人性本質的問題上。〈利未記〉第廿章第十三節有這樣的記述。「若男人同男人同寢，如男之於女，做此醜事的兩人，應一律處死，應自負血債。」在此我順便列舉〈利未記〉第廿章中幾條有關於性的法律，像接下來敘述的都必須處死才行。

若人與一有夫之婦通姦，即與鄰友之妻通姦，奸夫奸婦應一律處死。（第十節）

若人與父親的妻子同寢，是揭露了父親的下體，兩人應一律處死。（第十一節）

若人與兒媳同睡，二人應處死。（第十二節）

若人娶妻又娶妻的母親，這是淫亂，應將他和她們用火燒死。（第十四節）

若人與走獸同寢，應處死刑：走獸亦應殺死。（第十五節）

像這樣的法律存在，就表示當時已經有同性戀、獸姦、亂倫等問題了，這不就和現代一樣嗎？也就是人類尚未能過著理想中「人之為人」應有的生活吧！和幾千年前的男女一樣犯同樣的過錯，現代人不但覺得很驕傲，甚至還作詩歌頌性的自由，是相當愚昧的行為。若是打算把這樣的法律運用在目前的現代社會上，那必須被治罪處死之人可不是多得無法計算嗎？對於這樣的法律，反倒有這麼一句令人注目的話：「**不可咒罵聾子，不可將障礙物放在瞎子面前；但應敬畏你的天主：我是上主。**」（〈利未記〉第十九章第十四節）

有一位相聲藝人在廣播節目中說：「在這裡說聾子的壞話，一點用處也沒有，聾子又聽不到。」我聽到時覺得這是很無情的話。不是在詛咒人家的耳朵還是怎麼樣，可是我覺得這番話是不恭敬上主、又不謙遜的言論，也是欠缺體恤他人的言辭。

還有一次到家母那裡時所看到的一齣電視劇。一個父親在散步的時候，兒子拐著腳走在後頭。仔細看才知道兒子在模仿腳有問題的人走路的樣子。這個父親很生氣地修理這個四、五歲大的兒子，兒子哭著回家。父親回到家時，發現妻子和母親都在生氣，並且責備他：「這只不過是小孩子做的事，你也沒有必要打他啊！」結果這個父親有點失意的樣子，覺得自己做錯事，於是就取悅兒子讓他高興。一部這樣的溫馨家庭電視劇。

我至今仍然記得在看這齣電視劇時心裡的那股憤怒。因為不敬畏上主是相當可怕的事。兒子被父親修理是應該的，因為他模仿腳有問題的人走路；抗議父親不該打兒子的妻子與母親，更是需要好好的教訓一番才對。顛倒黑白是決不容許的錯誤。

審判時，你們不要違背正義；不可袒護窮人，也不可重視有權勢的人，只依正義審判你的同胞。……我是上主。（〈利未記〉第十九章第十五節至十六節）

偏袒窮人、或是看重有勢力者，這麼做都無法得救，不偏不倚的裁決才算是公正。但是，這個世界不都是看重有勢力的人，並且盡可能的幫他們脫罪嗎？在下判決之前就已經先幫他們脫罪了。我們也知道許多像這樣的事實。以前的日本首相吉田茂使用強制權所發動的那件有名的事件⑥，絕對不是我們想忘就能忘記的。撇開表面的醜態不談，我們常常可以聽到有一些躲在背後的力量做私底下的操控，讓所謂的有勢力者得到幫助的不正手法。

「我是上主你的天主。」《聖經》的律法當中一定會有這一句話出現。我們必須要了解到這句話的重要性。但是，不敬愛上主、不敬畏上主的人就不能夠了解這句話的重要性了。山室軍平牧師對於〈利未記〉說了這樣的話：「〈利未記〉所持的一貫精神即是『你們應是聖的，因為我是聖的』這句話。」⑦這正是以色列法律所貫徹的精神所在。每個人都和上主一樣聖潔，這是身為一個被上主所愛的人所應該持有的態度，這就是法律存在的意義。如果我們無法懷著敬畏的心屈膝在上主的面前，這些律法將會化成一堆死文字而已。

⑥ 譯者按：一九五三年，日本吉田首相在眾議院預算委員會時以一句「混蛋發言」的失言，導致國會解散，史上稱爲「混蛋解散」。

⑦ 詳見〈利未記〉第十一章第四十五節。

10 大力士參孫——勇士的放蕩跟悔恨

《舊約聖經》一共有卅九卷，當中第七卷是〈士師記〉（日文《聖經》亦譯為「士師記」）。我第一次聽到這個名字的時候根本不知道是什麼意思。當時居然還很天真地以為「士」就是指武士，所以這是談武士的老師，像日本古時候的劍道教授柳生十兵衛一樣武功高強的人物。因為真的是不太常聽到的名字。看來，武功高強這一部分我是猜對了。一些解說上是說，士師是解放者或是統治者的意思。士師的意思就像抵禦侵略者，並且將以色列人從敵人手中救出，立下功勞而被尊為統治者的人。

既然如此，何必特意取了一個「士師」這樣特殊又曖昧的名字，直接就用「統治者」、或是「解放者」這樣的名稱反而更清楚明瞭，不過，這樣的想法也不見得就正確。所謂的「統治者」讓人直接聯想到「王」，但是「士師」的傳承不同於「王」的世襲制度，而是只限於一代而已。如果是「王」死了，由王的兒子，王子繼位成為「王」，但士師的兒子沒有繼位權。而且，士師說不定也沒有像王一樣的氣質品格也不一定。

基甸的故事

〈士師記〉中一共有十三位民長登場。但是說來也很慚愧，這十三個人當中我馬上叫得出的人名只有基甸和參孫而已。「基甸」是一位信仰美好的勇者，凡事向上主禱告，尋求上主的指示與敵人作戰。人們心服於基甸，並且希望他起來做王，便這樣對基甸說：「請你和你子孫作我們的君王。」基甸卻很謙虛的說：「我不作你們的君王，我的子孫也不作你們的君王，唯有上主是你們的君王。」說這些話時的基甸大概還不知道

〈士師記〉【民長紀】

——基甸【基德紅】

——參孫【三松】

自己將會統治以色列人，因為〈士師記〉第八章裡有記載：「基甸在世時，境內平安了四十年。」

我覺得所有的民長中，信德最美的就是基甸，所以一直到現在還有「基甸會」這個大機構。如果在飯店住宿，可以發現幾乎每個房間裡都會放著一本《聖經》，這些《聖經》就是「基甸會」所寄贈的。不但如此，他們還贈送《聖經》給學生、醫院的病患或是監獄裡的犯人等等。

大力士參孫登場了

但是，從以前到現在我就是沒聽說過有「參孫會」。或者應該說，在這麼大的世界裡，搞不好其他地方有「參孫會」這樣的組織，只是我不知道而已。當我第一次讀到民長參孫的故事，覺得確實相當有趣。不過為什麼像《聖經》這樣的書，收錄這麼一個好色之徒一生的故事，實在是非常不可思議。

手邊有《聖經》的人不妨打開看一看。這樣能更確實知道參孫故的事內容，也更有趣。內容沒有什麼特別難懂的地方，總之先讀了再說。讀完之後，我想問的，是您對於參孫的故事有什麼樣的看法？

參孫出生的時候，因為以色列人做了上主眼中看為惡的事，所以上主將以色列人交給非利士人統治長達四十年之久。

參孫的父親叫做瑪挪亞，母親的名字《聖經》裡面沒有記載。這位母親從來就沒有

——非利士人【培肋舍特人】

——瑪挪亞【瑪諾亞】

生過孩子。《聖經》裡面說，「他的妻子是個石女，從未生育。」（〈士師記〉第十三章第二節）最令人感到悲傷的，莫過於希望有個孩子然而卻無法生育吧！世界是如此無情，若是婚後沒有孩子，都認為是女性沒有生育能力，也輕視這樣的女性。我也是沒有孩子，因為我的身體太虛弱了，外子是很有意志力的人，所以很體貼我，為我設想很多。但是，仍會有人當著我的面，嘲笑我是個「石女」。我並不介意別人這樣說我，但是，如果針對很渴望有小孩的人說，豈不是嚴重傷害了這個婦女嗎？也許，參孫的母親也是一直這樣被輕視吧！

有一天，上主的使者出現在這位母親的面前。使者告訴她，「你將懷孕生子。剃刀不可觸及他的頭。因為這孩子從母胎就是獻於上主的；他要開始從非利士人手中拯救以色列。」她的丈夫瑪挪亞聽了這番話後便對上主祈求說：「我主！求你叫你所派的那位天主的人再到我們這裡來，指教我們對於將生的嬰孩應該作什麼？」有孩子的人聽到瑪挪亞的禱告一定會感到很感動吧！為了將要出生的孩子，身為父母的該做什麼樣的準備呢？誠心誠意地向上主祈求的父母，我想一定很少。但是，會覺得應該像瑪挪亞一樣向上主祈求的人一定有很多吧！上主的使者這樣回答他：「凡葡萄樹所結的，她都不能吃。清酒濃酒她不能喝。各種不潔的東西她不能吃。」就這樣，祈求等待的孩子終於出生了。這個孩子就是出了名的大力士參孫。

情愛和代價

……亭拿【提默納】

長大之後的參孫對一位非利士的女孩一見鍾情。〈士師記〉第十四章說：「參孫上去稟告他父母說，『我在亭拿見了一個女子，她是非利士人的女兒，願你們現今把她給我娶來為妻。』」參孫只是看見而已，就想和這位女孩結婚了。參孫到底是喜歡上女性的哪裡呢？大體而言，一般的男性都比較容易迷上女性的容貌姿色。當然並非是所有的男性都是如此，但是，通常看到漂亮的女性時會看得出神，也就是男人有著因為美麗而產生愛情的傾向。

在派對等公眾場合裡若是有一位美麗的小姐在場，眾多男性的眼光必然盯著這位小姐。也許不只看看而已，還會搭訕聊天也不一定。就算美女旁邊站了一個開朗又善解人意的小姐，如果長得不夠漂亮，大概誰也不會去注意。畢竟從一個人的外表是看不出她的個性，所以偏好美女也是必然的。由於男性有偏好美女的傾向，所以人類歷史中不知有多少男人因美女而吃苦受罪，至今仍是。我想大概永遠也改不過來。

參孫也因為愛上了美女而吃盡苦頭，第一次遇到的便是這位女性。「娶外國人真是不像話！」雖然父母很反對，參孫還是堅持己見。

參孫在女方家裡擺設喜宴。有三十位非利士人受邀參加。參孫出了一個謎語要給他們猜。

現在的小孩子也喜歡謎語。比方說：

「只有一隻腳的獨眼怪物是什麼？」答案是「是裁縫針！」

「不用彎腰去撿，必須舉手撿的是什麼？」答案是「是計程車！」①

大家喜歡玩類似的謎語，不過都是稍微想一下就可以猜得出來的謎語。參孫提出的謎語就不一樣了，若是有人不看《聖經》便可以猜出來，我倒是很想見識一下這個人。參孫說出了這樣的謎語：「**食者生出食品，強者生出甘甜。**」知道答案的人請舉手！

參孫又說：「如果你們這七天婚筵內猜出來，我就給你們三十件襯衫和三十套禮服。若是答不出來，你們就給我三十件襯衫和三十套禮服。」他們想了三天就是想不出答案，就要脅新娘說：「你快去哄你丈夫，打聽出謎語的答案，不然我們就要放火燒了你家。你請我們來是為了奪取我們的衣物嗎？」新娘只好用盡辦法在參孫那裡打聽答案，但參孫就是不肯說。新娘生氣了，連續哭了四天，參孫拿她沒有辦法只好告訴她答案，原來之前參孫要去新娘家時，在路上他徒手將一頭獅子撕裂殺掉了。過了幾天，當他再經過獅子的屍體旁邊時，發現獅子的身上有蜂蜜，於是他便收集了蜂蜜並且吃了。

新娘告訴那些人謎語的答案。於是他們便向參孫說知道答案了。「**有什麼比蜜還甜？有什麼比獅子還強？**」參孫告訴這些人，因為他們利用新娘才得以回答他的答案。參孫一氣之下到城裡殺了三十個人，奪走他們的衣服給那些答出謎語的人，怒氣沖沖地回他自己家裡。過了些時候，心情穩定些了，參孫帶著一隻山羊羔到妻子家。但岳父不讓他進門，說：「我想你大概討厭我女兒了，把她丟下並且離開了我家。因此我把她許

① 譯者按：在日本不是用「招手」一詞來叫計程車，而是用「撿」來叫計程車的。

配給你的伴郎了。她妹妹不是比她漂亮多了嗎？你可以娶妹妹來代替她啊！」參孫聽了氣得不得了，抓了三百隻狐狸，將狐狸尾巴一對一對的綁起來。再將火把綁在尾巴之間，點火，把尾巴燒痛的狐狸趕到非利士人的麥田和橄欖樹園，燒個精光。非利士人知道是參孫做的好事，放火燒了新娘和她父親的家。參孫聽到消息後火上加油，又去殺掉許多非利士人。

知道參孫的作為，以色列人非常害怕，因為他們仍在非利士人的統治之下。參孫自己也知道，若是有機會，也想將以色列同胞從非利士人的壓制下解放出來；也就是民族解放運動。參孫對一位非利士的女孩一見鍾情是個事實，但是或許他內心也是在尋找和非利士人起衝突的機會。《聖經》裡面也有記述，參孫結婚這件事其實是上主的旨意：

「這事是出於上主，使他找機會攻擊非利士人。」

三千個猶太人圍剿參孫，要把他交給非利士人。參孫說：「你們不害死我就好了。若是要把我綁起來，就來吧！」猶太人用兩條新的繩子來捆綁參孫，把他帶到非利士人的地方。看到被綁住的參孫，非利士人逼近他，大聲叫嚷。這個時候，上主的神大大地感動參孫，《聖經》描述捆綁在他身上的繩子「如同麻線被火燒斷一樣」，都從他手中脫落下來。空手的參孫隨手撿起一塊未乾的驢腮骨當武器，殺掉了一千多人。

之後參孫又前往迦薩，這次他迷上了一個妓女。〈士師記〉第十六章第一節：「在那裡看見一個妓女，便去走近了她。」迦薩的人知道參孫會來，徹夜埋伏在城門附近等他，想一早趁參孫出來時殺他。可是參孫察覺到了。他睡到半夜起來，把城門的門扇、門框、門閂通通拆下來，扛在肩上走到山頂上。躲在城門附近的人，不是被墜落的巨木打死就是受傷了，不然就是逃走了吧！

後來參孫在梭烈谷認識一個名叫大利拉的女人。大利拉也是非利士人。大利拉一定是非常有魅力的女人，讓參孫迷戀上她。非利士人的首領偷偷地去找大利拉，唆使她說：「大利拉啊，你去套出參孫為什麼有那樣大的力氣？要怎麼做才能夠打敗他？若是可以打聽到，我們每人就給你一千一百銀子。」

山室軍平牧師在昭和十一年（西元一九三六年）的大作《民眾的聖經》裡面提到，這五個男人一共湊了相當於一萬日圓收買大利拉。當時剛從師範學校出來教書的小學教師起薪大概是五十五日圓左右，所以拿來換算昭和十一年的一萬日圓，應該是工作十五年又一個月以上的金額。如果再換算成現在的金額，恐怕是超過千萬元吧！

大利拉並不愛參孫吧！這麼一大筆數目的金錢，不心動也難。不過，說不定不只是錢的問題也不一定，因為大利拉也是非利士人，若她不愛參孫也可以想像；加上金錢的誘惑，大利拉決定套出參孫的祕密。

晚上在寢室聊天時，大利拉問參孫：「請告訴我，你為什麼有這麼大的力氣呢？」參孫有過猜謎失敗的經驗，就隨便回答說：「若是拿七條未乾的弓上面的繩子捆綁我，我就變得和一般人一樣軟弱。」大利拉便拿了七條弓上面的繩子來捆綁參孫，然後偷偷地叫非利士人在房裡埋伏。大利拉對參孫說：「參孫！非利士人來抓你了！」參孫立即掙脫了繩子。大利拉撒嬌地對參孫說：「喔！原來你騙我。請你告訴我答案嘛！」以普通觀念來看，都知道這個女人和非利士人串通好要來陷害自己了，就該小心謹慎。但是，參孫真的很依戀這個女人，所以這次他告訴大利拉：「拿全新、沒有用過的繩子綁我吧，

梭烈谷【芍勒克】——

大利拉【德里拉】——

我就變得和普通人一樣了。」大利拉馬上照做，並且和先前一樣串通非利士人來埋伏，參孫仍然像在扯斷線一樣把繩子弄斷了。第三次，這個女人又問參孫同樣的問題了。參孫說：「你抓七撮我的頭髮和線編織在一起，用釘子把它固定在牆上，我就沒力氣了。」大利拉利用參孫在睡覺時，真的把他的頭髮和線編織在一起，也和先前一樣招來非利士人。但一覺醒來的參孫把牆上的釘子全部扯下了。

接下來，〈士師記〉這麼記載，大利拉對參孫說：「你心裡既然沒有我，你怎能說：我愛你呢？你已三次戲弄我，還沒有告訴我，你這樣大的力量是從那裡來的！」大利拉每天都對參孫說同樣的話，參孫快被這女人煩死了。於是參孫只好把他有力氣的祕密告訴大利拉。「從來沒有人拿剃頭刀剃我的頭髮，因為我一出母胎就歸於上主。若是剃了我的頭髮，我的力氣就會離開我，我就變得和普通人一樣了。」

就這樣，參孫把他的祕密告訴了這個女人。讀到這裡時，可見參孫多麼地迷戀這個女人。若是我們，大概不會像大利拉這樣「你三次都欺騙我！」地責怪參孫吧！而站在參孫的立場也不會就這樣乖乖的閉嘴被罵吧！「你將我的性命交給非利士人，不但把我綁了三次，還把我的頭髮和線編織起來釘在牆上。像你這樣可怕的女人，我那可能把事實告訴你！」像這樣責備大利拉才對。但是參孫他徘徊在責備大利拉還是要被殺掉之間，參孫完全被這個女人所迷惑了。所以我相信他不可能不愛大利拉，害怕聽到大利拉用強硬又厭惡的口氣跟他說「你走吧！我要和你分手了」。沉溺於女色的男人，大概都是這個樣子吧！

男人愛女人的容貌姿色勝過於她們的心。多少男人在酒店裡塞了大把大把小費給服務小姐面不改色，而買一件襯衫送給全心全意愛自己的妻子卻覺得可惜。一般的女人，剛開始可能會因為貪圖一千萬日圓而去騙參孫說出祕密來，但看到每次都受苦受罪差一點被害死的參孫時，心裡竟無法被這麼愛自己的人打動，而向參孫道歉說：「對不起！都是我太壞了，以後我再也不會問東問西了。」後來就算知道祕密的真相了，也會假裝不知道。可是大利拉是個不會被男人的真心打動、既冷酷又貪得無厭的女人。於是，大利拉讓參孫睡在她的膝上，用剃頭刀把參孫的頭髮剃掉了。這一次，參孫真的變得沒有力氣了。就這樣，非利士人抓走參孫，挖掉了他的眼睛，把他丟到監獄裡。

這個時候參孫的心裡，對於大利拉是怎麼想？得到一千萬日圓的大利拉，是否從此過著幸福快樂的生活？就算投注了真實的愛，也不一定有回報。我想每一個人應該都有過類似的經驗吧！

我們被多少人背叛過？不，或者該捫心自問，我們背叛過多少人？是否曾經像大利拉一樣做了不該做的事？我們實在不可以說大話。想想看，因為愛世人、為了我們，耶穌基督被釘在十字架上為我們贖罪，然而耶穌基督被多少人背叛了？

同歸於盡

被關在監獄的參孫，每天要做的事就是推磨臼，時間漸漸過去，他的頭髮也慢慢地長出來。非利士人向他們的神大袞獻大祭的時候，參孫的頭髮已恢復到原來的長度了。人的頭髮大約是一個月長一公分左右吧！所以要長到原來的長度，最少也要花一年左右。

……——大袞【達貢】

這一年當中，眼睛被挖了，每天只能推磨臼的參孫心裡不知道都想些什麼？迷上了大利拉的美色，洩漏了自己力氣大的祕密，相信他對於自己如此愚昧必定做了痛切地反省。不對，參孫說出自己力氣大的祕密而犯下的罪，等於把上主託付給他的使命，就是成為上主的人的使命告訴這個女人一樣重，因此說參孫蹂躪了上主的恩寵也不過分。參孫身為上主的人卻和妓女搞在一起，耽溺於女色的下場是失去了上主所賜給他的力量。這樣沒有信德的事真是令人難以相信啊！

信德是個人的行為。就算參孫的父母是有信德的人，做孩子的參孫並不一定能承續。參孫忘記自己的力量是上主所賞賜的，變得傲慢而且我行我素，甚至不恭敬上主而自甘墮落。我們不也是如此，常常忘了上主的恩寵，總認為自己很了不起，什麼事都做得來，所以一入順境就容易變得傲慢。

因此這時的參孫，雖然兩眼都被挖了，我想這應該是他第一次真正的看到了自己應該看的東西，就是他看到了不恭敬上主的自己和他的上主。

那一天，非利士人聚集在一起，要向他們的大袞貢獻上大祭。他們把參孫叫出來，要他在眾人面前要把戲。我不知道《聖經》裡面的耍把戲要到底是什麼狀況，反正要在大家面前侮辱參孫就是了。

這時候，參孫向拉他手的人要求能夠摸到這座大廟的大支柱。當時大廟裡擠滿了人，大殿平台上也有三千多名男女都要看參孫怎麼被侮辱。《聖經》寫說，當時教唆大利拉的那些非利士人也在場看著，搞不好大利拉也在那裡。這個時候參孫求告上主。「吾主上主，求你眷念我。上主，求你再賜我力量，只要這一次，以報非利士人剜雙眼的仇。」

參孫下定決心和非利士人同歸於盡。抱住撐托大廟的兩根大柱子，使盡全身力氣，左手一隻、右手一隻，扯斷兩根大柱子。大廟瞬間倒塌，壓住了非利士人的首領和廟裡許多觀眾們。就這樣，參孫和許多非利士人同歸於盡了。上主的旨意不可預測。像參孫這樣既墮落又有一大堆毛病的人，上主卻召喚他，從非利士人手中解放猶太人。所以我們也是一樣，雖然有許多的缺點，但是上主需要我們站出來的時候，我們就能超越自己的缺點，而成為上主的利器。

這讓我想起，當我長期臥病在床時，我最常做的禱告是「上主，請使用我」，而不是「上主，請醫治我」，我認為在我們的人生當中，與其擁有健康舒適的生活，不如做個被上主重用的人來得值得。我的這種想法至今不曾改變。

每個人都對於參孫超乎常人的力氣、怪力而讚嘆不已，但是仔細想想看，其實他個是沒有力量的人。當上主的力量與參孫同在時，他才擁有力量；一旦頭髮被剃光了，他就失去了所有的力量。失去異於常人力量的參孫才是原來的參孫。但是，失去了異於常人的力量、變成了瞎子，只要有心悔改，並真誠呼喚上主，上主會再一次賜予力量的。參孫的身邊沒有半個隨從。他從不依賴別人，因為他本身擁有打倒一兩千人的力量。當然，因為太自我了，所以也找不到或不需要隨從吧！但我覺得，這樣就沒有人陪在參孫的身旁給予適切的忠告了。雖然參孫擁有很大的力量，但是他的人生是又孤獨、又寂寞。參孫的故事也告訴我們，沒有朋友的信德來得快去得也快，不是嗎？

第一次讀到參孫的故事時，我無法理解為什麼《聖經》要收錄這個故事。但是，黑崎幸吉老師說過，民長的故事存在，為要喚醒沉睡在我們心中的信德。照老師這樣說，參孫的故事也是個意味深長而值得省思的故事。

11 拾穗的外籍新娘——愛情和親情兩全的女子

取名字是一件大事

任何一個家庭，在孩子還沒有出生之前，父母就動腦筋為孩子取名字了。畢竟名字是一輩子都會伴隨孩子的東西。一般人儘可能避免不好唸或是不好理解，以及叫起來不順耳的名字，壞兆頭的名字當然不會用，更不會在孩子的名字裡取一個「死」或是「凶」字的。為了祈求孩子的幸福，或是一生中能有好的影響，所以援引偉人或是有意義的字為孩子取名字。我想這都是天下父母心。

在基督徒的家庭，許多人從《聖經》裡為孩子取名字，外子姓三浦，名字是「光世」，這是個容易和女性名字搞混的名字，所以他似乎是抱著名字情結長大的。其實他的名字是由《聖經》「你是世界的光」①這句話而來的好名字。

總之單單看名字就可以知道這個人是來自基督教家庭。比方說「路得子②」就是一個很好例子。熟悉《聖經》的人，一看這個名字就知道這個人出身基督徒家庭。在今治市有一位榎本保郎牧師，不論講道還是寫作都相當優秀，和我們也是很要好的朋友。他的大女兒就叫做「路得子」，這是從《舊約聖經》〈路得記〉取的名字。

〈路得記〉是在描寫婆婆和媳婦之間的故事。在想法非常封建的日本，「婆媳關係」一般給人不好的印象，馬上聯想到不好的事。但是〈路得記〉裡面路得以及婆婆拿俄米

——〈路得記〉【盧德紀】

——拿俄米【納敖米】

①編者按：〈馬太福音〉第五章第十四節：「你們是世界的光。」
②譯者按：「ルツ子」，日語發音爲「Rutsuko」。

的關係，是個動人而美好的故事。和約拿書一樣，整卷大約六頁左右，是相當簡單易懂的短篇故事。那麼，這到底是什麼樣的婆媳故事呢？拿起《聖經》閱讀是最方便的方法，但是為了手邊沒有《舊約聖經》的人，我在這裡簡單地介紹。

離鄉背井討生活

《聖經》記載，「當民長執政時代。」也就是西元前一一五〇年到西元前一〇五〇年左右。大約是以色列人出了埃及後，掃羅和大衛稱王前的一百年，當時猶大的伯利恆地方發生了飢荒。

為了找尋食物，拿俄米和丈夫以利米勒帶著兩個兒子，就是瑪倫和基連到了摩押。拿俄米是一個心胸非常寬廣的女性，但是很不幸的，來到摩押不久，丈夫以利米勒死了。自己的國家鬧饑荒而千里迢迢地來到摩押，誰知道以利米勒會這樣過世了。

人生總是這樣無常。覺得很好而祈求，得到的卻是反效果；心想可以逃過一劫了，卻又面臨另一個災難，總之充滿了意外。人的智慧有限，人的未來總是難以預料。假如我們住在國外，丈夫丟下了兩個孩子先走了，這是多麼令人感到害怕不安的事。沒有認識的人、也沒有朋友的異國生活，想像一下，就讓人覺得是很嚴重的事。

這位拿俄米，恐怕連土地、房子，甚至回去祖國的旅費也沒有。總之，拿俄米吃的苦頭不是簡簡單單一兩句話就可以帶過。《聖經》裡這麼敘述：「後來拿俄米的丈夫以利米勒死了，留下她和她的兩個兒子。他們都娶了摩押女子為妻。」（〈路得記〉第一

約拿書【約納】

掃羅【撒烏爾】

大衛【達味】

伯利恆【白冷】

以利米勒【厄里默肋客】

瑪倫【瑪赫隆】

基連【基肋雍】

摩押【摩阿布】

章第三到四節）丈夫留下拿俄米和兩個兒子，到兒子們結婚為止究竟是過了多少時間，我們無法查證，不過我想以利米勒過世的時候，瑪倫和基連應該還很小吧！總之，兒子們如心所願的長大成人，並且娶了當地摩押的女子為妻。

異國情鴛

這裡的「摩押女子」意思是指外國的女子。現在和外國人通婚的日本人愈來愈多了。話雖如此，許多人把子女送到國外讀書，不管擺明著說、或是沒有說出來，總希望兒子不要娶藍眼睛的女孩、女兒不要和外國男人結婚。

人是很奇妙的，我們覺得別國人是外國人、別國的人看我們也是外國人，但是毫無理由的討厭、或是看不起外國人的傾向還是存在，而且在日本這種現象特別多。至今仍有人稱呼美國人是「洋基」、「阿美公」，蘇聯人（俄羅斯）則是叫做「羅之介」等等。想一想過去日本人是怎麼稱呼中國人的，敢說自己當時是無心那樣稱呼的人一定很少吧！而日本人好像被謔稱為「呷噴（Jap）」的樣子。相信這是每個國家人民共通的感受吧！此間，特別是自詡信仰純正、以上主選民為傲的以色列人，更不喜歡和外國人通婚。〈申命記〉第七章第三節裡說：「**不可與他們通婚，不可將你的女兒嫁他們的兒子，也不可為你的兒子娶他們的女兒。**」或許和外國人通婚會把異國習俗帶進來，使以色列人崇拜偶像，而失去對唯一真神的貞節，所以訂下這樣的規矩。

總之為了貫徹純正的信仰，他們拒絕與外國人通婚。特別是摩押人，就是之前提過的羅得和他的女兒之間亂倫所生下孩子的後代，所以摩押人一直受輕視。在這個脈絡下，兒子們和摩押的女子結婚，對拿俄米來說絕對不是一件小事而已。但是拿俄米和摩押人的媳婦們——路得還有俄珥巴相處得非常融洽。

婆媳相依回國

就這樣經過了十年，又有不幸的事發生了。兒子瑪倫死了。當拿俄米還在因為喪子而哀傷的時候，另外一個兒子基連也死了。拿俄米在外國失去了她的兩個兒子，而這個時候的祖國以色列已經不再飢荒了。相繼失去了丈夫和兩個兒子，內心感到非常失意的拿俄米決定回祖國。在途中，她對兩位媳婦路得和俄珥巴這麼說：「你們各自回娘家去吧！願上主恩待你們，如同你們善待我的兒子們和我一樣。願上主賜給你們新的丈夫，並在新的夫家中得到平安。」拿俄米說完之後便與她們親嘴。

假使今天我們站在媳婦的立場，我們會怎麼做呢？先生死了，又沒有孩子，這裡又是自己的國家，所以和將回祖國的婆婆分開是很正常的。「媽媽，感謝您長久以來的照顧，願上主的安慰與您在一起，希望您過得幸福快樂。」一般會這麼說，然後繼續追尋自己的第二春。但是，拿俄米的兩個媳婦卻大哭了起來，並說：「我們要和您一起回您的國家。」拿俄米聽了非常的感動，但是還是勸告兩位媳婦離開她好再去嫁人。俄珥巴哭著和拿俄米親嘴，然後依依不捨地離開了。但是路得堅持不離開，這樣地告訴拿俄米：「媽媽，請您不要催我離開。您走到哪裡我就跟到哪裡；您的國家就是我的國家；您的上主就是我的上主；您百年安息之處就是我埋骨之處。除非死了，才能夠讓您和我分離，否則願上主重重地責罰我。」於是兩個人展開漫長的旅行，終於來到了故鄉伯利恆。

路得是心地多麼善良的女性啊！眼看著在異國失去丈夫和孩子的婆婆自己一個人寂寞的回去故鄉，她實在是感到不忍心。我想，路得和她過世的丈夫一定是一對相當恩愛的夫妻。若是所愛的丈夫還活著，一定也和她有一樣的想法，所以她一定是想代替亡夫為婆婆盡心的。可是更重要的是，婆婆和路得的關係緊密，互敬互愛，因為她真心的希望將來自己也能死在婆婆的祖國。

不過，讓人聯想到的是拿俄米美好的信仰和無限的愛。把路得這樣一位外國女子帶回極為排斥異族的國家，不難想像一定將遇到許多困難。拿俄米也沒有刻意要求路得必須迴避這個事實吧！拿俄米覺得凡事都交託於上主的指引，所以她將路得帶回故鄉。

拾穗奉養婆婆

兩個人回到故鄉的時候，適逢大麥收成的季節。路得也趕緊到田裡去撿拾麥穗。其實，到田裡撿拾麥穗是一件讓人瞧不起的事，因為是在人家的田裡拾取收割中掉落田間的麥穗，拿回家當糧食。猶太人的法律規定，在收穫期間不可以將大麥或其他的果實全部清走，必須留一些在田裡或是果園裡。這是為了窮人、出外人的需要而留下的。他們訂下如此體貼的法律真是令人敬佩。但是，撿拾麥穗果腹的日子，是難以形容地艱辛，而且路得又是一位容易受到歧視的外國人。

上主並不會拋棄如此親切又善體人意的路得。不知不覺中，路得來到了拿俄米的親戚波阿斯的麥田裡。波阿斯是一個有錢而且親切的人，他看見一個沒有見過的女子在田裡專心的撿拾麥穗，便問了自己麥田的管理人說：「那位女子是誰的女兒呢？」原來那位女子是他的親戚拿俄米帶回來的。波阿斯便對路得說：「不要再去別的田裡了，你就在這些田裡撿拾吧！如果你口渴了也請不要客氣，就喝這裡的水吧！我聽到許多人說，你和你婆婆拿俄米非常恭敬上主，而你非常孝順你的婆婆。願上主賞賜你所做的一切。」

為了路得，波阿斯吩咐僕人從綑綁好的麥穗中取出一些放在地上，好讓路得可以多撿一些。過了不久後，波阿斯和路得結了婚。這個部分在《聖經》裡有令人感動的描述。但是對於兩個人能夠結婚，花最多心力的是當婆婆的拿俄米。

波阿斯【波阿次】——

耶穌的祖先

以色列人自詡為上主選民，有著強烈的優越感和傲慢，對維持民族血統純正不遺餘力，因此禁止和異族通婚。這些在研讀《聖經》的過程中，都讓人留下深刻的印象。但是仔細研讀《聖經》其實可以發現，與其說是要維持血統純正，不如說是確保信仰不受汙染來得易懂。這個故事在《舊約聖經》裡面算是一個非常短的故事，但是以色列人在五旬節一定朗讀，可見〈路得記〉相當具有重要性。

波阿斯和路得所生的孩子就是大衛的祖父俄備得。〈馬可福音〉第一章也就是《新

——俄備得【敖貝得】

約聖經》的第一頁介紹了耶穌的族譜。這是《新約聖經》最開頭的部分，也是誰看了都會覺得很煩的一大串的名字，當中有一句話是：「**波阿斯由路得生俄備得。**」也就是說路得是耶穌基督的祖先。如果路得只不過是一個充滿自卑想法的摩押女人，《聖經》裡面就不會有〈路得記〉這篇故事，也不會特地在耶穌的族譜裡面寫上一句「**由路得生……**」的記載了。

在耶穌的族譜裡面，是以「**亞伯拉罕生以撒，以撒生雅各。**」像這樣的以父系承傳為主軸，記述母系的頂多四個：「**猶大由他瑪生法勒斯和謝拉。**」「**大衛由烏利亞的妻子生所羅門。**」「**撒門由喇合生波阿斯。**」路得也包括在其中。他瑪也好、烏利亞的妻子也好、喇合也好，也都各有非常有趣、耐人尋味的故事，烏利亞的妻子拔示巴將在後面的部分做介紹。喇合是個外國人，而且曾經是個妓女。

基督宗教是從猶太教裡衍生出來的，而基督宗教之所以能變成在全世界宣揚的宗教，從耶穌基督的族譜裡面可以看出端倪來。

我聽說過一個關於〈路得記〉的小故事。一個人找來一群喜歡說《聖經》壞話的人，請一位女演員來朗讀〈路得記〉給他們聽。這些人聽了之後心裡非常的感動，一直追問說這麼美麗的故事是誰寫的？每人聽到出處時都非常驚訝，原來這是出自他們連看都不看、只是一味批評的《聖經》。這個小故事我也從外子那裡聽過幾次。最近，在我讀到山室軍平牧師的《民眾的聖經》時，裡面也有提到這個小故事。總之，經由閱讀〈路得記〉來接觸《舊約聖經》也是值得一試的。

他瑪【塔瑪爾】
法勒斯【培勒茲】
謝拉【則辣黑】
烏利亞【烏黎雅】

所羅門【撒羅滿】
撒門【撒爾孟】
喇合【辣哈布】
拔示巴【巴特舍巴】

12 苦難的約伯——苦難是偽裝的祝福

飛來橫禍

大約十年前，外子因為急性肺炎陷入危急狀態，我每個晚上幾乎都徹夜照料他。也許是這樣而太勞累了，有一天我爬樓梯時不小心踩空，嚴重摔傷了尾骨，導致我只能躺在床上，無法仰臥著，只有趴著才能睡覺。看見我們夫妻倆人一同臥病在床上，有人擔心地對我們說：「這會不會是沖煞到什麼了？」

在我們的人生當中，難免會遇到接二連三的苦難。而且很明顯的，老是被認為受不應該受的苦。比方說就有這樣的事發生：有一輛砂石車突然撞進一戶人家的臥室，造成這戶人家兩人重傷、一個人不幸死亡的慘劇。在臥室的人們當然是沒有罪的人了。

最近，有人在三菱重工的大樓裡放了定時炸彈，造成七個人死亡、一百多人輕重傷，當中有許多是剛好路過的路人。路人當然是沒有罪的人。再說，在大樓工作的人和大樓被放了定時炸彈之間，也沒有什麼因果關係。這些都是不該被殺害而被殺、或是不該受傷而受傷的事例。而這些被害人可能會想，「為什麼自己受到這些災難呢？」內心一定是非常感慨的；而且又會感慨著，人生為什麼會有這麼多令人感慨的事。

「那麼正直的人……」、「那麼親切的人……」、「像他那樣善良的人……」，為什麼會遭遇到這樣的災難呢？就算這只是不相關的人的閒談，也可以覺察語氣中的憤怒。

我跟外子都臥病在床，我婆婆來探病時勸我說：「不妨讀一讀〈約伯記〉吧！」《聖經》裡面的故事，以能給予遭逢困厄患難的人希望和力量的內容居多，而其中又屬〈約伯記〉為最。

……——〈約伯記〉【約伯傳】

心志的鍛鍊

巴勒斯坦東方，叫做烏斯的地方住了一個名叫約伯的人。《聖經》裡這麼描述約伯：「為人十全十美、生性正直，敬畏上主，遠離邪惡。」我們到底要到什麼境界才能夠被稱為「十全十美、生性正直」？我們完全遠離邪惡，心裡真正敬畏上主嗎？也不見得是全部。恐怕有大多數的人會做不好的事，或是忘了上主的存在吧！但是約伯是被稱為「十全十美、生性正直」的人。

約伯一共有十位子女，七男三女，每個都已經長大成人了。約伯為了子女每個禮拜都獻一次全燔祭給上主。因為約伯擔心，「恐怕我的兒子犯了罪，心中詛咒了上主。」所謂的敬畏上主，是否就是該做到像約伯一樣呢？

約伯身為一個人，盡其所能地做到完全正直，而且對於上主完全的敬畏。我們一般人多半是自己稍微品行端正一點，往往就變得不相信上主了。在這一方面約伯就顯得很謙虛。

約伯擁有十個子女和許多的財產。突然有一天，他一萬一千頭左右的牛、羊、驢子、駱駝等牲畜被偷，許多僕人也被殺害了。在此同時，他的十個兒女在一陣突來的暴風中全部喪生。才一個早上，晴天霹靂。

如果我們在一瞬間裡失去了所有的孩子、失去了所有的財產，不知道會怎麼辦？「神存在嗎？」大概是陷入抱怨世間的不公，哀聲嘆氣，嚴重一點的，變得失神狂亂。若只是失去一個孩子的話，人的安慰多多少少可以撫平內心的傷痛。但是所有的財產也沒了，十個子女也在瞬間去世了的約伯，怎麼忍受得了？

但約伯並沒有哀傷而怨天尤人，也沒有咒罵上主。他只是跪拜在地並且向上主禱告說，「我赤身脫離母胎，也要赤身歸去。上主賜的、上主收回。願上主的名受到讚美。」（〈約伯記〉第一章第二十一節）

第一次讀到這裡的時候，我內心的驚訝到現在仍是無法忘懷的。有相當長的時間，我因為病痛一直躺在石膏床上，我的嘴邊常常掛著一句話正是，「上主賜的、上主收回。願上主的名受到讚美。」上主賞賜給我一切，也收取一切。約伯他說，向上主求來的也好、上主賞賜的也好、歸還給上主的也好，總之全部都是美好。

我的心裡想著，原來這就是信仰啊！若是要信上主，就要像這樣徹頭徹尾的信德才讓人感動。其實，如果所有的東西都是上主所賞賜，那世界上的東西全都是美好的了。上主不會做壞事，問題在於人以什麼樣的觀點看待所有的事物，總之，上主所做的都是美好的。所謂的信仰就是相信。我並不會由於某種理由而相信上主，只是希望用單純的信德相信上主。

還有更糟的狀況

約伯的災難不是到這裡就結束了。約伯從頭上到腳底長滿令人感到噁心的毒瘡。為了消除身體的痛癢，約伯就坐在爐中的灰裡拿瓦片刮身體。他的臉也腫得很悽慘，幾乎無法認出是約伯。雖然如此，約伯一點也沒有抱怨上主，這讓約伯的妻子很火大，於是就對他說：「你倒不如詛咒上主，死了算了！」約伯所愛的十個子女都死了，失去了所有的財產，生了一身毒瘡，連最愛的妻子又對他冷言冷語的，他是如何回答妻子呢？「難道我們只由上主那裡接受恩惠，而不接受災禍嗎？」我們時常祈求上主，對上主做各種的禱告，《聖經》裡面也教導我們許多如何向上主祈求的方式。但是我們非常自私，只知一味的向上主求討。我們祈求疾病治癒、生意昌隆、家族平安。若是上主給了我們建議，然而我們卻拒絕，那是很任性、很難看的。在上主面前祈求的時候，應該更謙遜、更無私，用乾淨清高的心禱告才對。

「只要福分，不要禍害」，這是人根深柢固的想法。首先，我們應該改變禱告的態度，然後對上主持有完全的信賴，就算面臨災難，應該夠平心靜氣地接受吧！

《新約聖經》裡面，有一半以上的書信是聖保羅宗徒寫的。他為了傳揚耶穌基督，幾度都受到鞭打的刑罰，有時被打得皮肉綻開，或是被石頭砸得半死，殉道之前不知道吃了多少苦。所以，他寫給腓立比教會的信裡面寫到，「因為，為了基督的緣故，賜給你們的恩賜，不但是為了相信他，而且為為他受苦。」聖保羅的信加上約伯所說的話，都深深地逼近我的心。

……——保羅【保祿】

朋友專程來說風涼話

接下來〈約伯記〉的發展，真叫人感到迷惘而且難以想像。鏡頭拉到來探視約伯的三個朋友這邊。《聖經》裡說這三個人「各從本人的地方，相約一起來，為他悲傷，安慰他」。但是當他們看到約伯時竟然認不出，放聲大哭，並撕破了自己的外袍（在上主面前懺悔時，必須撕破自己的外袍）。就這樣這三個人和約伯一起坐在地上七天七夜，誰也沒有對約伯說出任何安慰的話。

這是何等深厚的友誼啊！我們是否擁有，能為了我們而撕破自己衣服，陪著我們一起坐在地上七天七夜，這樣深切美好的友誼呢？

到目前為止的內容都很容易了解，但讓人無法理解的是接下來約伯所說的：「我為何一出母胎沒有立即死去？為何我一離母腹沒有斷氣？為何兩膝接收我？為何兩奶哺養我？為何賜不幸者以光明，賜心中憂苦者以生命？嘆息成了我的食物，不停哀歎有如流水，我所畏懼的，偏偏臨於我身；我所害怕的，卻迎面而來。我沒有安寧，也沒有平靜，得不到休息，而只有煩惱。」

以上是從〈約伯記〉第三章裡面所記述的部分內容。總之，這是約伯哀怨淒涼的獨白。遭遇到這麼難以忍受的苦楚，就連約伯也都忍不住地訴苦了，和之前所講的「上主賜的、上主收回」比起來真是天壤之別啊！約伯確實沒有詛咒上主，卻詛咒了自己的出生，也詛咒了自己的生命，但賞賜他生命的其實是上主。雖然他是用疑問的方式來訴說，內容卻不是那麼溫和的。我甚至有種被約伯背叛的感覺。

約伯自己怨嘆的時候，其中有一位朋友說話了。接下來要介紹的是，約伯和他的三位朋友之間的對話。首先，朋友以利法說了：

「約伯啊，請聽聽我說吧！你向來教導許多人，你說的話扶持了許多跌倒誤入歧途的人。你所倚靠不就是你敬畏的上主嗎？想想看吧，哪有無辜的人遭到滅亡？就我所

——以利法【厄里法次】

知，即使埋下不義的種子，都照樣收割。痛苦也好、煩惱也好，並不是偶然從土裡面冒出來。總之若是我，我會仰望上主，凡事交託給上主。上主所懲治的人是有福的。」

這位朋友說的，語氣溫和公正有理，所講的一點都沒錯；但是，約伯卻提出偃蹇深幽的反駁。

「我的朋友啊，我所有的災害都放在天平裡。拿我的煩惱去秤秤看吧！我從來沒有拒絕上主的旨意，但是我處在無窮無盡的痛苦當中。你當我是石頭嗎？還是銅做的呢？我只是個有血有肉的人啊！到底我得忍受到何時啊？拒絕了友情，不就等於背叛上主一樣嗎？請你們教導我，使我知道我哪裡錯了。告訴我，我的舌頭是否有不義呢？」

聽了約伯的話後，另外一位朋友比勒達說了：「約伯啊，何必說重話呢？你的話就像狂風一樣。上主不會偏離公正公義的。你若是清潔正直，上主必定讓你公義的居所興旺起來的。」

——比勒達【彼耳達】

聽了比勒達的話，約伯說出他的想法：「你們都說清潔正直的人公義將得以興旺，可是你們看看現實吧。現實！無惡不作的人現在也很興旺啊！用不好的手段欺負弱者或是窮人的人不也過得好好的嗎？做壞事卻致富的人，死的時候也沒有特別痛苦啊。這到底是怎麼一回事，請你告訴我吧！」

就這樣約伯和朋友們一直爭論著，各說各話，朋友的也好、約伯的也好，很難說到底誰對誰錯。朋友們的主張確實符合惡有惡報、善有善報的理論。乍看之下，這些朋友好像說了許多值得深思的金玉銘言，讓人覺得這些朋友們說得比較有理。反過來看，自以為自己的想法比較正確的約伯，反而讓人覺得他太傲慢偏激了。

他們的辯論當中使用了許多豐富優美的辭彙，像豪華戲劇的台詞，他們的對話等於是一篇詩詞。人們常說《聖經》是一部偉大的文學作品，〈約伯記〉這些對話正好證明了，而且只看一次就能抓到重點。別的暫且不提，其實人類是很無情的。約伯失去了十個子女還有所有的財產，還長了一身的毒瘡，幾乎認不出他來。當他坐在爐中的灰裡時，有朋友這麼說他：「你一定做錯了什麼事。趕快在上主面前認錯吧！」約伯接二連三的被罵著。剛開始大家的口氣都還滿溫和的，漸漸說著口氣也變差了。「你不但搶了赤身露體的人的外衣，還欺負弱者。」反正強詞奪理，到後來還會亂罵說：「像蛆一樣的人談什麼公平正義嘛！」面對著因毒瘡而容貌變樣的約伯說這種話，實在太殘忍了。而且這還是一起痛哭七天七夜的好朋友說的。假設我們重病而喘不過氣來時，被人家用這樣的重話罵，不知有怎麼樣的感受？不管那些話再怎麼有理，肯定是一點安慰的感覺都沒有。

後來，有一位名叫以利戶的朋友出現，並且說出自己的想法，很長很長的話。不過他和其他三個人的想法不一樣。他覺得約伯所遭遇的種種災難，不是懲罰他犯什麼罪過，而是要教育他；換句話說，這是上主對約伯的一種試煉。約伯過於主張自己是正確的，而上主是錯的，因此對於陷入這種想法的約伯，提出了指正。這些漫長的辯論與對談一共延續了卅五章。若要談人生的苦難，這部分交錯論述堪稱為經典之作。人類要以什麼樣的態度正視苦難？還有，又要用什麼樣的角度看待這些爭論？最好的辦法是，直接進入〈約伯記〉的文本吧！

——以利戶【厄里烏】

上主說話了！

這一段看似沒完沒了的爭論突然間中止了。為什麼？因為上主出現了。上主從旋風中回答約伯說：「用無知的言語使我的計畫模糊不明的是誰？你要像勇士束好腰，我要問你。請指教我。」一開始，上主以迅雷不及掩耳的速度質詢約伯。「我立大地根基的時候，你在哪裡呢？海的邊界又是誰設定的？你能按時領出十二宮？或是引導北斗和跟隨他的眾星嗎？」上主又拿天地星象問約伯，約伯一句話也答不出來。上主又說：「你指稱我是錯的，自己才是對的嗎？」於是約伯這樣回答：「我是卑賤的，該用什麼來回答你呢？我只能用手摀住我的嘴而已。」再怎麼偉大、正確的人，在上主的面前都是卑微渺小的。即使是聖人，在上主的面前也覺得抬不起頭來。

上主為什麼要讓約伯承受這麼多苦難，在這裡並沒有特別說明，上主只是讓眾人了解上主是全能的，是萬物的創造者。就算上主沒有給予任何的答案，上主出現在眾人面前，就足以讓這個沒完沒了的爭論告一段落。在這裡，我又再一次理解到什麼是信仰。

上主的智慧以及所花費的心思，不是我們可以計量或是徹底了解的。所以對我們而言，只要知道「上主是存在的！」也就足夠了。剩下的事全權交給上主、委託上主就可以了。對於超乎自己所能夠想像的，上主給予我們的關懷只需要心存感謝就足夠了。反正，人的智慧是不足以信賴的。全心全意對上主的信賴才是真正的信仰。

約伯這麼樣的告訴上主說：「我知道你事事都能，你所有的計畫沒有不能實現的。是我以無知的話使你的計畫模糊不明；是我說了無知的話，說了那些超越我智力的話。

請你聽我發言；我求你指教我。」即使是沒有得到上主的回應，約伯得到了平安。

〈約伯記〉的內容不是那麼容易理解的，我也是到現在才漸漸了解箇中的意義。在我們的人生當中總會問，「為什麼會遇到這樣的事？」而這些問題多半是沒有答案的。而且問題中還有許多的疑點。當遇到這種狀況，拿起〈約伯記〉來讀一讀，了解上主無限的力量，知道全心全意對上主的信賴，就是真正的信德。

我想，這對我們實在就是最大的福分了。

13 從〈詩篇〉看大衛王的罪與罰——詩人國王的另類傳記

滲入心靈的詩章

《舊約聖經》裡，律法的部分之後又有一小部分是描寫歷史，不過我想省略掉這一部分，直接談論〈詩篇〉。不知道為什麼，說到詩我總會想起這一首：

〈螢火蟲〉

啊！
草叢裡面
月亮的水滴！

這是詩還是什麼？我不是詩人，所以不知道。但是被問到從「詩」這個字可聯想到的詞彙是什麼，我的答案應該會是「凝結」、「純真」、「美」。因此，像「冗長」、「隱瞞」、「醜陋」這些字眼就和詩無緣了。

我不是懂得詩的人，所以在這裡不談詩歌的道理。雖然如此，我仍抱著敬畏的態度看待詩歌，因為我有許多話是由詩歌當中聯想出來的。有人曾經說過，「從年輕時代開始就擁有特定喜愛的詩人，是一件很幸福的事。」沒有哪位詩人是我特別喜歡的，但是，我年輕時有幾首很喜歡的詩，甚至背下來了。

室生犀星先生的作品——「故鄉是遙遠而令人思念的地方，悲傷而叫人歌頌的地方。」還有德國詩人 Carl Hermann Busse 的作品——「住在遙遠的山的那一邊，熱切追

〈詩篇〉【聖詠集】——

求幸福的你……」以及北原白秋先生的〈落葉松〉、西八十先生的〈小手指〉等等，曾幾何時，我在不知不覺中總是吟唱這些詩人的詩歌。現在再想起這些詩歌時，仍然可以回想起當時的種種情懷。而且也讓我認為，「人心必須藉由詩歌來培養滋潤」。所以我十分能夠體會說「從年輕時就擁有特定喜愛的詩人，是一件很幸福的事」的人的心情。

少年牧羊人和他的詩

猶太人有著長期閱讀《聖經》當中的〈詩篇〉的習慣。他們從小時候就讀〈詩篇〉直到死亡，也就是說，猶太人是年輕時就擁有特定喜愛的詩人的幸福民族。當然〈詩篇〉也是我們基督徒所擁有的《聖經》裡面的一部分，有時候崇拜時我們也朗讀〈詩篇〉的經節。但是遺憾的是，我們並不像猶太人一樣的喜歡〈詩篇〉。不過被問到最喜歡〈詩篇〉當中的哪一句時，不少基督徒仍然可以舉出的。

在許多場合中可以發現，一個人喜愛的〈詩篇〉和他信仰的歷程有深切的關係，因為所喜歡的詩篇成了他靈魂的糧。比如說，長期過著療養生活，幾度面臨死亡危機的人會特別喜歡〈詩篇〉第廿三篇。

〈詩篇〉第廿三篇大衛詩歌：

上主是我的牧者，我實在一無所缺。
他使我臥在青綠的草場，又領我走近幽靜的水旁，還使我的心靈得到舒暢。他為了自己名號的原由，領我踏上了正義的坦途。
縱使我應走過陰森的幽谷，我不怕凶險，因你與我同住。
你的牧杖和短棒，是我的安慰舒暢，
在我對頭面前，你為我擺設了筵席；在我的頭上傅油，使我的杯爵滿溢。
在我一生歲月裡，幸福與慈愛常隨不離；我將住在上主的殿裡，直到悠遠的時日。

在這邊我所寫的是現代譯本的內容①，實際上我本身比較喜歡朗誦《欽定本》的〈詩篇〉第廿三篇。因為現代譯本的詩唸起來不像《欽定本》那麼叫人感動。我所喜歡的是這麼寫的，

〈詩篇〉第廿三篇大衛的詩：

上主是我的牧者，我必不至欠缺。
他使我躺臥在青草地上，領我在可安歇的水邊。
他使我的靈魂甦醒，為自己的名引導我走義路。
我雖然走過死蔭的幽谷，也不怕遭害，因為你與我同在；
你的杖，你的竿，都安慰我。
在我敵人面前，你為我擺設筵席。你用油膏了我的頭，使我的福杯滿溢。
我一生一世必有恩惠慈愛隨著我。我且要住在上主的殿中，直到永遠。

① 編者按：編者在此採用《思高本聖經》。

這首詩又被稱為〈牧者之歌〉，當我在療養中被移到重症病房時，心裡面總是重複的唸著「**我雖然走過死蔭的幽谷，也不怕遭害，因為你與我同在**」，這不知道給我帶來多少的鼓勵和安慰。再想像著這首流傳幾千年歷史的詩陪伴過多少煩惱的人、憂傷的人、病痛的人時，我的心也同時受到了安慰。這就是先前也提到的大衛的詩。

〈詩篇〉一共有一百五十篇，當中有七十三篇，也就是一半以上是大衛的詩，其它則是冠上摩西、所羅門、亞薩等人名。在每篇詩篇最前面會寫上「大衛詩歌，作於逃避其子押沙龍」、「大衛的禱告」、「大衛在亞比米勒面佯狂，被逐逃走時作」等等的註釋。

我最喜歡的〈詩篇〉第五十一篇裡所寫的註釋：「大衛詩歌，交與樂官。作者於拿單先知前來指責他與拔示巴犯姦之後。」如果熟悉《舊約聖經》的人就知道這段註釋的意思；沒有讀過的人就看不懂了。在研讀〈詩篇〉之前，多多少少還是應該把以色列的歷史如〈撒母爾記〉、〈列王記〉、〈歷代志〉的部分研讀一番才行。要了解一部作品，無論如何，熟悉作品的背景是相當重要的功課。

背景部分暫且不提，我先在這裡大略地介紹關於這位大衛的事。

「大衛」一名的意義

大衛在眾多的以色列君王中是備受喜愛、歷久不衰的民族君王。但是，他的一生曲折離奇，要拿來當日本NHK年度連續劇大河劇的主角，絕對綽綽有餘。就算是只有讀過《新約聖經》的人，也應該常常看到大衛這個名字。

亞薩【阿薩夫】
押沙龍【阿貝沙隆】
亞比米勒【阿彼默肋客】
拿單【納堂】
拔示巴【巴特舍巴】
〈撒母爾記〉【撒慕爾紀】
〈列王記〉【列王紀】
〈歷代志〉【編年紀】

首先在《新約聖經》的第一頁〈馬太福音〉第一章，那一大串長得叫人厭煩的族譜裡面的第六節寫著，「**耶西生大衛王。大衛由烏利亞的妻子生所羅門……**」還有同樣是第一章的第廿節有寫著這樣一句話，「**大衛之子約瑟……**」。總之，單單《新約聖經》的第一頁裡面，大衛的名字就出現六次了。其他像是〈馬太福音〉第九章第廿七節，「**耶穌從那裡前行，有兩個瞎子跟著他喊說，『大衛的子孫，可憐我們罷！』**」還有〈馬太福音〉第廿一章第九節「**和散那歸於大衛之子。**」〈馬太福音〉第廿二章第四一到四二節「**法利賽人聚集在一起時，耶穌問他們說：『論到彌賽亞②，你們以為如何？他是誰的兒子？』他們回答說：『大衛的』。**」在〈馬太福音〉當中就可以找到許多記載著大衛名字的地方。那麼，「大衛」這個名字在猶太人心中又是代表什麼樣的意義呢？這是人們對於領導以色列人度過了繁盛時期之國王的一個憧憬。從他獻給上主那麼多的詩當中發現，以色列人從大衛的信仰中顯出對他的信賴。所以「大衛的子孫」代表一種尊稱，等於是在讚美對方。

因為這樣，在大衛之後過了幾百年出生的耶穌，也被人們稱為「大衛的子孫」。不過，對於耶穌本身自稱為大衛的子孫，有些異議也出現在《聖經》的某些章節裡。耶穌原本是上主之子，不能光是用「大衛的子孫」一句稱呼就帶過。這個大衛的確是一位有信仰的人，但是他本身的問題太多了，並不是一位神聖到可以讓耶穌也冠上他名字的

耶西【葉瑟】

和散那【賀三納】

法利賽人【法利塞人】

② 編者按：《思高本》的「默西亞」，《和合本》作「基督」。

人。為什麼大衛的名字這麼被眾人所喜愛，其實我也覺得難以置信。

大衛是繼以色列第一位國王掃羅之後上任，也就是第二位國王。掃羅在當國王的時候，大衛是個看羊的牧童。當時的大衛，依據《聖經》裡面所記載的是「有血色、眉清目秀、外貌英俊」。不但如此，還說他是「善於彈琴，是大有勇敢的戰士，說話得體，容貌俊美」。但是最重要的莫過於「上主的神大大感動大衛」，可知大衛確實是一個有信仰的人。

掃羅在與非利士人打仗時，非利士人陣營裡有個勇猛的大塊頭叫歌利亞，歌利亞向掃羅陣營下了一對一的戰帖。若是自己被打敗了，非利士人將作為掃羅陣營的僕人服侍他們；假如是掃羅陣營打敗了，就得當非利士人的僕人。但是說這話的非利士人歌利亞太剽悍了，沒有一個人趕上去應戰。

這時，本來在山上牧羊的大衛被父親派去探望在前線作戰的哥哥們，也聽說了歌利亞挑戰的事。可是當他知道大家對於歌利亞的挑戰相當害怕時，這位美少年就說了：

「這個歌利亞以為他是誰？居然敢挑釁以色列上主的大軍嗎？」

一戰成名

少年大衛堂堂正正的面對歌利亞的應戰。因為大衛是個牧童，所以有和獅子和熊應戰的經驗。「由獅子和狗熊的爪牙中拯救我的上主，也必從這非利士人的手拯救我。」大衛秉著純真的信德，相信上主必定助他一臂之力。國王掃羅要大衛穿上自己的戰衣，

掃羅【撒烏耳】——

歌利亞【哥肋雅】——

給他戴上銅盔、又給他穿上鎧甲，但是大衛不習慣這樣的東西，全都脫掉了。他只拿著撿來的五塊石頭迎戰。歌利亞非常小看大衛，結果大衛的一塊石頭才打中他的額頭，他就昏倒在地上了。「上主的救恩降臨，止戈息武了」，這可說是大衛的信仰告白。大衛因此而得到了勝利，因為他原本就是信德堅定的人。之後大衛成了掃羅的隨從，並且和王子約拿單結盟成了好友。我認識的一位名叫「大衛」的宣教師，他小兒子的名字就叫做「約拿單」。為什麼這位宣教師會將兒子的名字取為「約拿單」，我想是他很感動於當時的大衛和約拿單之間美好的友情吧！

——約拿單【約納堂】

掃羅王重用大衛的能力，而且他也喜愛聽大衛演奏的音樂，甚至還把女兒許配給大衛。但是在大衛戰勝歌利亞之後，又屢經多次戰役，而且有著英勇的表現，聲名大噪、廣受大眾的喜愛，導致掃羅忌妒他而且憎恨他，甚至最後還想除掉他。因為實在是太危險了，大衛只好逃亡。掃羅派出三千大兵抓回大衛。剛好那時掃羅進一個洞穴裡休息（有另一種說法是說他去大解了），而大衛正巧和他的隨從躲在裡面。從明亮的外面進入洞穴裡，掃羅也看不清楚大衛躲在裡面。大衛的隨從認為這正是個好機會，勸他趁此時殺了掃羅。但是大衛只是割下掃羅外袍的衣襟而已。

當掃羅要離開洞穴時，大衛跟隨在他後頭呼叫：「我主，大王。」稱呼一個要奪取自己性命的人「我主，大王」，這樣的大衛，真令人感到同情與不忍。掃羅便回過頭看，大衛屈身跪拜在他面前，將他割下的外袍衣襟拿給掃羅看；並自陳沒有殺王的意念，及忠誠不二的心意。這一番話，就連掃羅為之動容落淚。這之後又發生了幾件事變，這些都詳記在〈撒母耳記〉裡面。〈撒母耳記〉分為上、下兩部分，內容都十分簡單容易了解，有時間的話，請一定要讀一讀。

到這邊為止的大衛是個相當了不起的人，但是沒多久他卻犯下了永遠也無法消除的罪過。在《新約聖經》第一頁的那一大串族譜裡面也有出現，恐怕是到世界末日仍舊會被世人所談論的一個大過錯吧！

強佔人妻

「大衛由烏利亞的妻子生所羅門……」〈馬太福音〉第一章第六節這麼寫著。這就是說，大衛讓一個叫烏利亞的人的妻子生了一個叫做所羅門的孩子。其實大衛使用了卑鄙的手段，將自己的部下烏利亞的妻子拔示巴奪走占為己有。有一天接近黃昏時，大衛小睡醒來，到皇宮的平頂上散步，忽然他停下來了。他看見一個相貌豔麗皮膚白皙的女人在洗澡。（這個女人是誰？）大衛感到好心動！於是馬上派人調查，才知道這個女人是他的部下烏利亞的妻子。大衛毫不猶豫的將這個女人召進皇宮裡。和別人的妻子或是丈夫上床，在現代社會已經不是什麼奇聞了，但是，這儼然是一種罪。不見得是重罪，但還是一種罪過。

話說大衛確實有罪，但拔示巴這個女人也真那個。如果從皇宮的平頂上可以輕易地看到美不美麗的話，距離想必相當的接近。是拔示巴家的後院呢、或是在河邊，總之離皇宮很近就是了。若是從平頂上可以看到的話，那麼在下面的拔示巴應該也可以看到大衛。大衛也並非是第一次到平頂上去散步吧！這麼說，拔示巴早就知道大衛每天大概哪個時間會到平頂散步，自己的丈夫烏利亞因為戰事又暫時遠征在外，所以拔示巴便做好計畫，選擇適當的時機，到人家看得到她的地方洗澡也說不定。

《聖經》裡說「那時她（拔示巴）的月經剛潔淨了」，也就是說她的生理期已過了。但不管怎麼樣，要洗澡就應該挑個人家看不到的地方才對。拔示巴和大衛同床，馬上就懷孕了。丈夫遠征在外，然而妻子卻懷孕了，這叫大衛急壞了。在摩西的十誡裡面有說「不可姦淫」、「不可貪戀你近人的妻子」，偷偷摸摸的做壞事露出馬腳了，即使是國王也算是一個重大事件。為了要掩飾自己的罪行，大衛又怎麼做呢？他馬上把烏利亞從前線召回來，並且為了慰勞，對烏利亞就說：「今天你就回家休息一下吧！」但是，烏利亞是認真正直的男人。他說：「自己的長官約押元帥還有其他戰友都在前線的野外紮營，我怎麼可以回家吃喝，和妻子同床呢？」於是就和大衛的士兵們一起睡在皇宮的門口。隔天，烏利亞還是沒有回家。若是這樣，烏利亞一直都不回家的話，就不可能和妻子拔示巴同床了。第三天早上大衛召喚烏利亞。大衛寫了一封信要給約押，他交代烏利亞帶去。這封信裡面的內容是：「把烏利亞派到戰事最猛烈的地區，然後你們撤退、讓他戰死。」

什麼都不知道的烏利亞將這封信帶回給約押，正如大衛信上的指示，烏利亞戰死在前線上。就這樣，大衛迎娶拔示巴作為自己的妻子。當時大衛已經有幾個妻子了，即使如此，他仍然殺了忠誠的部下，讓拔示巴成為自己的妻子。實際上能夠嚴厲苛責大衛的罪行的只有先知拿單而已。上主憤怒的訓誡藉由拿單傳達，大衛敬畏，並對於自己所犯的錯深深的感到後悔。這時他寫了一首詩，就是有名的〈詩篇〉第五十一篇。

——約押【約阿布】

有一天，先知拿單來到大衛的地方。因為拿單聽說大衛將部下烏利亞害死，把他的妻子拔示巴占為己有的事，為此很生氣的來到王的面前。

其實，我剛研讀《聖經》的時候，一直搞錯先知的意思了。我以為先知是那種可以預告某月某日、在某某地方會發生地震，或是某某殺人事件的犯人是住在某某地方的某人，這類有預知能力的預言家。後來才知道，先知的意思是「傳達上主訊息的人」。

現在，試著翻一翻《新聖經大辭典》，對於先知的說明是：「宣告上主的旨意者」、「代上主發言者」、「建立並教導人們與上主之間真實的人際關係的人」，還有一個意思是「先見者」，意思是說「先知也持有預告未來的任務」。事實上《舊約聖經》裡也常常出現這樣的警告，「若是一直沉溺在罪惡當中，終將導致滅亡」，或是堅固的城鄉將招致毀滅，很多預言的事後來都真的發生了。像耶穌基督的誕生也曾經被預言過。但是這些，絕對不是所謂的占卜、或是偶然被說中了的，這完全是真實的上主交付先知所傳達給人類的訊息。《新約聖經》的〈馬太福音〉裡就出現過許多次預言這幾個字。不過，不論是什麼樣的預言，而又會成就什麼樣的事，都有仔細研讀的必要。

總之，先知不是在自說自話，而是在傳達上主訊息的人。

先知進言糾正

拿單是大衛的商談對象，也是顧問。大衛敬畏上主，所以許多事都經由拿單領受上主的旨意吧！換句話說，拿單就像是大衛的人生導師一樣。拿單怒氣沖沖的來到大衛所在的地方，不過，他卻是克制自己的怒氣，裝出一副不經意的樣子和大衛說話。

「王啊，你有聽過這麼過分的事嗎？在某個城裡有一個有錢人和一個窮人。那個有錢人有很多牛羊；窮人只有一隻小羊，而且是存了很多年才買下的。他吃的喝的都與小羊分享，常常抱在腿上，他像對待自己的孩子一樣很疼愛這隻小羊。有一天，有錢人家裡來了客人，他捨不得殺自己養的牲畜來宴客，於是就把窮人的小羊搶來，作為自己宴客用的菜餚。王啊，您覺得怎麼樣呢？」大衛聽了非常同情這位窮人，就很生氣的說：「那個有錢人該死！」

於是，拿單用大聲又尖銳的口吻對大衛說：「王啊，這個有錢人不是別人，而是指您。為什麼您要輕視上主，在上主的面前做那麼多壞事呢？你殺了烏利亞，奪走了他的妻子！」先知拿單又說：「上主這麼說：我要叫你自己家裡的人起來作亂攻擊你。你要看見我把你的妃嬪給別的男人，這個人要在光天化日下跟她們睡覺。」大衛臉色發白的說：我得罪了上主！」因此在上主的面前懺悔禱告。

這些內容在〈撒母耳記下〉第十一、十二章的地方有詳細的記述。〈詩篇〉第五十一篇，實際上就是描寫當時大衛內心的悔恨和充滿痛切的感受。

最讓我感到佩服的是，先知拿單面對一國之君大衛仍毫無忌憚的傳達上主的旨意，並且嚴厲譴責大衛的態度。在日本，是否曾經出現用著斷然的態度對著天皇、將軍等人說話的宗教家呢？說不定很少有那樣的人物吧！但是在以色列，不是只有拿單而已，由摩西開始，撒母耳、耶利米、阿摩司等等，每一代總是會出現這些只有順從上主的旨意行事、不怕君王或是權力者的先知們。屬於現代基督徒的我們，每一個人也應該用自己的生命傾聽上主的旨意，並將上主所交待的旨意傳達給世界上的人們。這就是所謂的「先知」，也就是「萬人祭司」的樣子吧！不畏懼現世的當權者及世人的眼光，不害怕職場上司，只為了達成傳報上主旨意，那就必須成為一個很自我中心的人才有可能辦到吧！不但如此，自己本身必須更加仰賴上主的助力才行。

大衛領教過拿單的嚴厲譴責後，馬上在上主的面前懺悔認罪了。大衛殺了烏利亞，奪走了他的妻子，這已是一件無法被原諒的事了。但是，被先知拿單責罵時，大衛的態度其實是坦率得讓人同情的。大衛也沒有做任何的辯解，就只說了這麼一句：「我得罪了上主！」

當我們做了什麼壞事的時候，若是說一句「都是我不好，請原諒我吧」就好了，問題是很少人有勇氣這麼做。其實我本身也應當好好反省。在來不及趕出原稿時總會說：「因為身體狀況不適所以延遲交稿……」

確實是如此，我的身體本來就不好。特別遇到狀況不佳時，光是拿鉛筆而已，就會覺得肩膀僵硬，手指也無法承受握筆的疼痛，有時候手指頭還得包著絆創膏才能夠握住鉛筆。若是遇到這種狀況，即使是截稿期快到了，我也是必須躺臥一整天才行。心裡想著怎麼辦，另一方面又想著說，我又沒必要做到要了性命的程度。反正要開導自己似的，什麼藉口都說得出來，然後倒頭休息睡覺。結果是，遇到截稿會延期時，就會找藉口說「因為身體不好所以……」，睡了一覺後感到很愧疚，便說出這樣的理由來辯解。

如果收到什麼禮物或贈品，遲遲未寄感謝函的時候，也常找一些不要臉的藉口說「因為太忙了所以……」。殺了人也好、偷了東西也好，明明犯了錯，卻是一副完全不是自己的錯的樣子，反倒誣賴對方。像是「因為他欺負我，所以把他殺了」或是「因為沒有上鎖，所以不知不覺就進到裡面去了」。更糟糕的是「犯了錯又不是我的錯，這是社會的問題造成的」，說一大堆的藉口為自己開脫。人是不懂得悔改而毫不謙遜的，所以不可能同意，若是為其他人處於自己的立場，就不會犯此過錯。總之一定不只是自己的問題就對了。說實在話，身體比我虛弱的人或許不會拖延截稿期，再忙的人還是會馬上把感謝函寫好的。

相較於被欺負而殺人的人，有更多人遭受更過分的欺凌，仍然沒有萌生殺害別人的念頭。仔細想想看，藉口只不過是一個人過度自我本位所衍生出來的說詞罷了。總之，想要使自己的行為合理化，覺得自己有辯解的餘地，等於是說自己沒有錯、或應該說自己覺得自己是對的。這樣先入為主的觀念已產生了，所以也就無法說出「都是我不好」。但是大衛他做到了。身為君王，所擁有的權利足以將黑的說成白，也可以簡單地殺掉拿單，但是他敬畏上主，所以虛心領受先知的責罵。

我曾聽說過，要成為一流的政治家所需要的資格當中，有一個是需要具備「願意接受批評的態度」。在日本的政治家當中，有幾個人是誠懇而且謙虛的「願意接受批評」？就算不是政治家好了，願意坦率接受他人批評的一般人，我想也是很少。更不用說，擁有權利的人將批評自己的人關進監牢，或是將反對自己的人處以死刑，這些在歷史上都不是什麼珍聞奇事。像這種政治迫害，當時蘇聯的肅清行動、戰爭時期的日本等等都是一些很明顯的例子。

大衛雖然是個君王，並沒有用自己的權利來對付拿單，反而是相當地畏懼。所以至今我重新體會到，我們不學習這種虛心的態度是不行的。〈詩篇〉第五十一篇就是大衛這個時期的作品，相當震撼人心的。其實，當我第一次接觸到這首詩的時候，對於大衛這個人還不很了解。

一般的《新約聖經》裡面都附帶有〈詩篇〉，收錄在最後面。我是在附帶〈詩篇〉的《新約聖經》裡面讀到〈詩篇〉第五十一篇的。雖然我不知道大衛寫這首詩的前因後果，卻被這首詩所打動，相當吸引我。這種被擊碎的靈魂所發出的吶喊，不可能不會感動我們的心才是。關於〈詩篇〉第五十一篇我最先讀到的是《欽定本》的內容。當然現代譯本的也相當感人。不過我還是習慣《欽定本》的版本。在此，我將《欽定本》的內容介紹給大家。

破碎靈魂的吶喊

這首〈懺悔的詩〉是非常有名的。對於自己所犯的罪而哭泣流淚的，為自己所犯的錯來謝罪的，都可以從這首詩當中得到極大的共鳴與安慰。

〈詩篇〉第五十一篇：

上主啊，求你按你的慈愛憐恤我！按你豐盛的慈悲塗抹我的罪過！求你將我的
罪孽洗除淨盡，並潔除我的罪！
因為我知道我的過犯。我的罪常在我面前。

我向你犯罪，惟獨得罪了你，在你眼前行了這惡，以致你責備我的時候，顯為公義。判斷我的時候，顯為清正。

我是在罪孽裡生的，在我母親懷胎的時候，就有了罪。

你所喜愛的，是內裡誠實；你在我隱密處，必使我得智慧。

求你用牛膝草潔淨我，我就乾淨；求你洗滌我，我就比雪更白。

求你使我得聽歡喜快樂的聲音，使你所壓傷的骨頭，可以踴躍。

求你掩面不看我的罪，塗抹我一切的罪孽。

上主啊，求你為我造潔淨的心，使我裡面重新有正直的靈。

不要丟棄我，使我離開你的面。不要從我收回你的聖神。

求你使我仍得救恩之樂，賜我樂意的靈扶持我。

我就把你的道指教有過犯的人。罪人必歸順你。

上主啊，你是拯救我的上主。求你就我脫離流人血的罪。我的舌頭就高聲歌唱你的公義。

主啊，求你使我嘴唇張開，我的口便傳揚讚美你的話。

你本不喜愛祭物。若喜愛，我就獻上。燔祭你也不喜悅。上主所要的祭，就是憂傷的靈。上主啊，憂傷痛悔的心你必不輕看。

求你隨你的美意看待錫安，建造耶路撒冷的城牆。

那時，你必喜愛公義的祭，和燔祭，並全牲的燔祭。

那時，人必將公牛獻在你壇上。

當我第一次讀到這首詩的時候，最讓我有同感的是：「因為我知道我的過犯。我的罪常在我面前」以及「在我母親懷胎的時候，就有了罪」這兩句話。我並非要數算自己犯了哪些過錯，而且，我也不是不義之人的孩子。但是，我覺得本身的存在相當於是罪過，是個從頭到腳充滿了各種罪過的人，沒有任何一個部分是清淨無瑕的。所以，我對這兩句話深表同感。有哪個上主願意救像我這樣的人呢？我始終是這樣想的，所以常常百般折磨自己。但是從我知道耶穌基督的愛之後，我改變了自己。

求你用牛膝草潔淨我，我就乾淨。求你洗滌我，我就比雪更白。

這幾句話熟悉得脫口而出了。這意思是說上主洗淨了我的罪，使我的內心可以得到最大的喜悅。這是某一年發生的事，白洋舍的創辦人五十嵐健治先生送給我在這首詩當中出現的牛膝草。牛膝草是生長在巴勒斯坦地方的植物，在潔淨的儀式當中常常被用到。五十嵐先生是將牛膝草從巴勒斯坦引進到日本國內栽培的人。當我看到牛膝草小小的葉片時，心中有說不出的喜悅。並且，耶穌基督更是完全替代我們的罪，使我們變得潔淨無垢，從心底誠心謙卑的感謝主恩。

隨著信仰的年數增加，從初信時的純真信仰發展到了某個程度之後，我對於〈詩篇〉第五十一篇裡的另一句話，產生了像針刺般的感覺。「上主所要的祭，就是憂傷的靈。」不知從何開始，我逐漸失去了憂傷破碎的靈魂，而一直擺出高傲的樣子。當注意到時才發現原來自己一直都是這副德性，一點反省、敬畏的樣子也沒有。

每當讀到〈詩篇〉第五十一篇時，我總是覺得心裡刺痛，感到奇恥無比。若在這時候要向上主獻上懺悔的詩，該寫什麼詩句才好呢？像大衛這樣「因為我知道我的過犯。我的罪常在我面前」，謙遜而且充滿憂傷難過的言詞，我想我會慚愧的說不出口吧！每當我唸這詩篇時，總是有新的感覺，恐怕我這一輩子都會深愛吟誦這一首詩吧！

但是，儘管大衛寫下滲透人心讓人感動的詩，老實說我沒辦法喜歡他。為什麼？這是因為我很同情烏利亞的遭遇，我無法原諒殺了烏利亞的大衛。上主都原諒大衛了，不能原諒大衛的人似乎很不謙遜。無法原諒大衛的心情，也代表我用一樣的批判心來看待自己認識的人、朋友、還有週遭的人們。當有一天我真正能夠理解這一首詩的時候，也就是我能夠原諒大衛的時候吧！所以還無法原諒大衛的這段時間，我沒有資格說我喜歡這首詩也不一定吧！

由聖奧思定（St. Augstine）主教開始，有許多信仰的前輩們熱愛〈詩篇〉第五十一篇，也聽說有人在臨終前一邊唸這首詩而蒙主恩召的。這些人們必定都是充滿憂傷破碎的靈魂的偉人。今晚，從被稱為《聖經》的心臟部位的〈詩篇〉當中，如果能找到一篇自己喜歡的詩，將會是極大的福分。

14. 〈箴言〉——活得更好的捷徑

〈箴言〉：塞滿了寶石的珠寶箱

接來要談的是〈詩篇〉之後的〈箴言〉。所謂「箴言」，根據字典《廣辭林》的解釋，有兩種意思：（一）「訓誡的話語」；（二）「包含訓誡的短文」。也就是指名言、金句或是格言、諺語之類的。「千里之行始於足下」、「子欲養而親不在」等類似的話也可稱為「箴言」。

《聖經》中的〈箴言〉不像文章，文句很短，很方便記憶。心裡若是銘記許多好的箴言，對人生觀必定有重大影響。所以如果有人覺得《聖經》很難懂、或《舊約聖經》不好研讀，我常常向他們建議：「那麼，請先讀〈箴言〉吧！」

若是這麼說都還覺得很難的話，那不難想像這個人讀《聖經》的意願很低。當然，我所謂的〈箴言〉很簡單，是針對文句的難易度而言，實踐的難易度則另當別論。無論如何，〈箴言〉並不是一卷難懂的經文。

〈箴言〉可以說是《聖經》當中我所喜歡的一個部分。在小說《續・冰點》裡面，引用了Gerald Chandry[①]的話：「在人生的終點所留下的，不是我們所聚集的東西，而是我們所給予的東西。」特別是在《不歸來的風》這本小說裡面，我刻意使用許多〈箴言〉裡的句子。比如說：「當你開口說話的時候，你所說的話必須比你沉默的有價值才行」；「年輕就代表成長。要朝著什麼樣的目標成長，是年輕人的課題」；「樸質的好

① 日文網站中有人也詢問此人的資料，但此人似乎是虛構的。

土地上會生長雜草」；「我們每個人幾乎可以眼睜睜的看著別人的不幸一般，個性是相當強悍的」等等。當然我還使用許多〈箴言〉裡面的其他詞句。在心裡面擁有許多美好話語，比起存了許多錢要來得重要。

《聖經》裡〈箴言〉的內容當中，包含著許多寶貴的內容。有人說過，〈箴言〉就像塞滿了寶石的珠寶箱一樣，充滿著亮光閃閃動人的詞句。當然，這是針對《聖經》所有的內容而言。

仔細想一想，《聖經》裡的聖言是有生命的，絕對不是死氣沉沉的。有時候能開啟我們心中的眼睛、鼓勵、安慰，有時候則是挖掘出我們內心真正的想法。山室軍平牧師的著作《民眾的聖經》第十五卷的序言是這麼說的：

明治末期，有一家雜誌社針對各領域的名人提出一份問卷調查，查詢他們在年輕時期所閱讀的書當中，會令他們感到奮發向上是哪些？結果，一百個人當中，有五十個人提到中村正直所翻譯的《西國立志編》②。該書不同於別的書之處，是談論著能夠帶給人們無限的震撼與感動的一本書。

那麼《西國立志編》到底是什麼書？這本書的原作者英國作家山謬爾．斯邁爾斯（Samuel Smiles）說過：「這裡面的教訓和所羅門的〈箴言〉完全一樣，既沒有全新的東西，也沒有創造出任何新的東西出來。」也就是說，《聖經》中所羅門王的〈箴言〉，間接成了一本讓明治時代的日本人大受感動的書。山謬爾．斯邁爾斯用符合那個時代的方式重新詮釋，並且運用當時的一些小故事將《聖經》的〈箴言〉重新表現出來。

獲得智慧，由敬畏上主開始

在此，我將翻開《聖經》，談論這一部觸動我心的〈箴言〉。一般人都認為〈箴言〉的作者是所羅門王，其實並非所羅門王一個人獨立完成。〈箴言〉全部卅一章裡面，一到廿四章是所羅門王的作品、廿五章到卅章是猶太王希西的家臣所編輯的所羅門王語錄，卅一章則是利慕伊勒王的語錄。也就是說，整個〈箴言〉可以說大致上是所羅門王的語錄集，那麼所羅門王又是一個什麼樣的王呢？

——希西【希則克雅】

——利慕伊勒【肋慕耳】

所羅門是在談〈詩篇〉那章裡面提到的大衛王的兒子，也就是大衛殺掉烏利亞，然後娶了烏利亞的妻子拔示巴為妻後所生下的孩子。拔示巴生為大衛王下的第一個孩子在出生沒多久後便死了。因為當時先知拿單曾對大衛預言說：「但因你在這事上蔑視了上主，（拔示巴）給你生的那個孩子，必要死去。」這個孩子真的死了。之後，拔示巴又生了一個孩子就是所羅門王。

大衛痛心懺悔，也寫下了〈詩篇〉第五十一篇那樣動人的懺悔詩。即使是如此，後來還是讓拔示巴懷孕產下孩子。這個部分，我實在是沒有辦法理解。為什麼大衛沒有和拔示巴分手呢？因為那時候烏利亞已經死了，想還給人家也還不了，所以就一直留在身邊嗎？

② 譯者按：中譯：《自己拯救自己》。

在這個難以割捨的狀態下所生的所羅門，繼承大衛的寶座。和所羅門同父異母的孩子還有其他幾個人，即使如此，拔示巴所生的孩子後來繼承了王位，由此可以了解大衛真的很喜歡拔示巴。撇下這些不談了，所羅門是信仰上主的人。上主顯現在他的夢裡告訴他說：「你不拘求什麼，我必給你。」所羅門說：「雖然我年輕，不知道怎樣治理國家，你還讓我繼承我父親做王。我在你的選民中做王，他們多得難以勝數。所以，求你賜給我智慧，使我能以正義和公平治理他們。」

這實在是相當難得的請求。假如上主這樣問我們：「你希望我賜給你什麼？說來看看吧！」我們會祈求什麼呢？這不是開玩笑，自己到底是為尋求什麼而活的？捫心自問吧！夠一輩子花用的錢嗎？還是擁有權利？長命百歲？追求名譽？或是追求永遠的信仰？

「舉家安康，生意興隆」，這可以說是全日本人在神社祈求時常常想到的禱詞。除此之外，很現實的，想向上主祈求什麼，完全回答不出來。身為一個基督徒，原則上，我們知道禱告時向上主祈求什麼，但在現實生活我們又追求什麼？我們以不明確的態度過生活。關於祈求這件事，從古至今，和所羅門一樣的地位，或地位相近的人在生活當中，向神祈求什麼？甚至，有人願意祈求嗎？像是：織田信長、豐田秀吉、德川家康、歷任日本總理和大臣、希特勒、史達林、羅斯福、柴契爾……等人，他們是否曾經想求神拜佛？

就真正的善惡來說，應該像所羅門所祈求的，可以公平正當的裁決所有的事才對。以現在的日本來說，相信有點關心司法的人都感覺到，不信任司法裁決的人逐漸增加了。像是最初的「松川事件」，接著的是「仁保事件」、「牟禮事件」，這些事件讓我們發現並非每一個裁決都是公平可信的。③

那麼，對於所羅門的請求，上主做了什麼樣的回答？

你既有此心願，沒有求富貴、財寶、光榮，也沒有要求你敵人的性命，也沒有要求長壽，只為自己求智慧和聰明，好能治理我的民族，既我使你為王所管理的民族；為此，智慧和聰明已賜予了你，但我還願將富貴財寶和光榮賜予你，是你以前的君王所沒有過，你以後也不會再有的。（〈歷代志〉第一章第十一到十二節）

——〈歷代志〉【編年紀】

這是所羅門在夢裡聽到上主對他所說的話。事實正如在夢裡上主所應許的，所羅門擁有超乎常人的智慧，並且得到他並沒有祈求的榮華富貴。這是題外話，讀過《聖經》所羅門王的故事後發現，日本大岡越前的裁決故事和所羅門王的事蹟很類似④，類似到讓我懷疑是否有抄襲之嫌。

在此，讓我想起〈馬太福音〉第六章第卅一節到卅三節主耶穌所說的話：

——〈馬太福音〉【瑪竇福音】

③編者按：以上三個事件是日本史上知名的冤案，抓錯犯人，多年後才得以平反的事件。

④編者按：大岡越前，德川幕府八代將軍時代的人，名為「大岡榮五郎忠相」。因其官位是越前守，後世尊稱為大岡越前。他在日本的地位等同於宋代的包青天。

所以你們不要憂慮說：我們吃什麼，喝什麼，穿什麼？這一切都是外邦人所尋求的；你們的天父原曉得你們需要這一切。你們先該尋求上主的國和它的義德。這一切自會加給你們。

耶穌所說的這些話，就像所羅門為了追求真正的智慧，最後連沒有要求的名利富貴上主都賜給他。那麼，所羅門王在〈箴言〉裡面到底留下了什麼樣的話語？以〈箴言〉為基礎，讓日本明治時期的人們感到無限震撼與感動的《西國立志編》，到底裡面是談論些什麼？在此讓我們一起來學習吧！〈箴言〉第一章第一節到第六節算是序言，第七節才開始正式進入箴言的內容部分。所羅門王最先提到的是什麼，我們翻開〈箴言〉第一章第七節來看一看吧！

智者的行為和態度

敬畏上主是智慧的開端。

所羅門王從上主那裡得到了極高的智慧，所以至今仍流傳著「所羅門的智慧」這一句話。關於智慧，沒有人比所羅門更聰明的了，因為所羅門說，「敬畏上主是智慧的開端」。懂得敬畏上主，才是所有知識的開始。現在的日本，許多人認為相信「神」是不科學的、是無知的行徑。但是，所羅門在〈箴言〉第九章第十節裡有說：「敬畏上主是智慧的開端。」類似地，〈箴言〉第十五章第卅三節也說：「敬畏上主，是智慧的導師。」總是重複著這幾句話。

由此可見〈箴言〉的主題是「相信上主，才是所有知識和智慧的開始」。《新約聖經》〈哥林多前書〉第八章裡有說：「若有人自以為知道什麼，這是他還不知道他該怎樣知道。」這是聖保羅宗徒所說的，是何等強烈的話啊！以聖保羅的話反思，若是有人在大學受了專業訓練，就自以為無所不知了；那我們的社會政治出問題、教育出問題、法律裁決也出問題都是想當然耳。相對地，知道上主的話，而依照順從上主的心意來判斷，應該能少出很多差錯。若是喜歡自艾自憐，心靈當然會被蒙蔽，而看不清楚事物的真實面貌。若是能夠明瞭人與人之間互相殘殺的後果，世界就不會有人認同戰爭而發生戰爭了。但是，現在雖然號稱是高度文明發展的世界，卻幾乎每個國家都擁有軍隊。如果是具有理性，為什麼又要彼此互相殘殺呢？這些事我充滿了疑惑。真正愛國的人就會愛這個世界，絕對不會拿著武器去發動戰爭。我這樣的說法，相信許多人嗤之以鼻；但是這些人是不懂「敬畏上主」、「不知道應該知道的事」的人。我自己曾不知道上主的存在、不知道所當知當行的事，所以青春年華時，曾全心投入在不祥的戰爭當中。

不懂得敬畏上主時所犯的過錯，不單單指戰爭、政治、法律裁決這些問題而已，只要常常回顧、反省自己的日常生活時就不難發現了。信仰上主的家庭，上主是一家之主，若是一家人順從上主的旨意生活，相信這個家庭的氣氛是不一樣的。不會為無聊的事鬥嘴爭吵、領錢存錢的地方只有一個，當需要錢時也會爽快的把錢拿出來。遺憾的是，就算是口說信仰上主卻沒有真心在敬畏上主，偶而想起上主，又大剌剌地把上主拋在腦後的我們，老是重覆做出這些蠢事。

總之，知道敬畏上主是知識和智慧的開端，所羅門王由此而擁有的智慧已經相當了不得了。接下來我抄寫幾個例子給大家看看就知道。

無知者的執迷不悟殺害自己；愚昧人漠不關心斷送了自己。

你當全心信賴上主，總不要依賴自己的聰明。

不要自作聰明，應敬畏上主，遠避邪惡。

你若有能力作到，不要拒絕向有求於你的人行善。

若是我們這一生當中，能夠遵循上述幾句話當中的一句話過日子，將是何等美好的事啊！我們的雙手總是為自己辛苦著，就是不去幫助別人一點、成就一點善事，更過分的是還幫他人做盡壞事。若是將「手」字換成「口」字，相信我們會更容易注意到，自己的心裡該抱什麼樣的態度。

上主厭惡乖戾的人，摯愛正直的。

就算是人類也不會信任不正直的人。不過，我們往往連誰是正直的人都搞不清楚。「上主嘲弄好愚弄的人，卻寵愛謙卑的人。」類似這句話的還有「謙卑自下，是榮耀的先聲。」我曾經聽說，有人問聖奧思定主教信仰的真諦是什麼，他回答說：「一是謙卑、二是謙卑、三也是謙卑。」變得受人敬仰的聖奧思定主教，常常覺得要做到謙卑是很難的事，所以才會這麼說也不一定。沒有謙卑，就無法從上主那裡得到真正的尊榮。我想也是一樣，反省自己看看吧！想想謙卑對我而言竟如此遙遠就覺得好可恥。我一邊寫著文章、一邊回想起住在北海道的廣播牧師石川和夫先生對我說的：「謙遜就是願意承認自己原有的樣子。」

「驕傲了，羞恥也來。」也是〈箴言〉裡面的話。

你應由你少年時的妻子取樂。

許多家庭的不和諧來自於，男人把注意力從自己的妻子轉移到別的女人開始的。〈箴言〉裡接著又說「我兒，你為什麼迷戀外婦，擁抱別人妻室的胸懷？」全是這句「為什麼」要做那樣的事，這是上主時常問我們的問題。自己也不知道「為什麼」，重複這些愚昧的過錯。這就是脆弱愚昧的人類犯了罪的樣子。

「敬畏上主，憎恨邪惡傲慢驕橫。」不懼怕上主和耽溺惡事的人的處境真是可悲。

要責備明智的人，他必會愛你。

饒舌的愚人，必自招喪亡。

愛能遮掩一切過錯。

女人美麗而無見識，猶如帶在豬鼻上的金環。
憐恤苦人就是尊敬他的上主。
寬恕別人的過失，就是榮耀自己。
緩於發怒的人必甚有見識。
憎恨賄賂的，必得存活。
有情吃蔬菜，勝於無情吃肥牛。
你的仇敵，若餓了就給他飯吃。若渴了就給他水喝。
懶漢，你去看看螞蟻牠的作風，便可得些智慧。

像這些話語，至今仍可震撼人心而且充滿著生命力。打開筆記本，不妨寫下足以感動你的話語吧！

再重複一次，這些箴言的話語，正是要我們發自內心「敬畏上主、相信上主」。

15 預言——聆聽天上的聲音

《舊約聖經》裡的眾先知

《舊約聖經》裡面出現許多的先知。關於「先知」一詞，在討論〈詩篇〉那篇稍微提過了。雖然重覆了，這裡我還想再引述一次。

我剛研讀《聖經》的時候，一直把先知的意思給搞錯了。我以為先知是有預知能力的預言家，可以預告某月某日、在某某地方會發生地震，或是某某殺人事件的犯人是住在某某地方的某人。後來才知道，先知的意思是「傳達上主訊息的人」。

現在，試著翻一翻《新聖經大辭典》中對於先知的說明：「宣告上主旨意的人」、「代上主發言的人」、「建立並教導人們與上主之間真實的關係的人」，還有一個意思是「先見者」，意思是說「先知也負有預告未來的任務」。事實上《舊約聖經》裡也常常出現這樣的警告，「若是一直沉溺在罪惡當中，終將導致滅亡」，或是堅固的城邦將招致毀滅。如預言耶穌基督誕生的奧蹟，很多預言都發生了。但是這些絕對不是所謂的占卜、或是在偶然被說中了的。這完全是真實存在的上主交付眾先知傳達給人類的訊息。

如同所引述的內容，「先知」是傳達上主旨意的人。《舊約聖經》裡被稱為「先知書」的部分，就是收錄了這些先知的言語和行動。而這些先知書是下方這幾篇①：

① 以下將新教與天主教先知書的譯名並列出來。四大先知書：以賽亞書【依撒意亞】、耶利米書【耶肋米亞】、耶利米哀歌【耶肋米亞哀歌】、以西結書【厄則克耳】、但以理書【達尼爾】。十二小先知書：何西阿書【歐瑟亞】、約珥書【岳厄爾】、阿摩司書【亞毛斯】、俄巴底亞書【亞北底亞】、約拿書【約納】、彌迦書【米該亞】、那鴻書【納鴻】、哈巴谷書【哈巴谷】、西番雅書【索福尼亞】、哈該書【哈蓋】、撒迦利亞書【匝加利亞】、瑪拉基書【瑪拉基亞】。

以賽亞書、耶利米書、耶利米哀歌、以西結書、但以理書——這些稱為「四大先知書」。何西阿書、約珥書、阿摩司書、俄巴底亞書、約拿書、彌迦書、那鴻書、哈巴谷書、西番雅書、哈該書、撒迦利亞書、瑪拉基書——稱為「十二小先知書」。這裡的大先知和小先知並不是指素質上的差異，而是經文章節數量多寡之別。再者，其他像撒母耳、以利亞、以利沙這些偉大的先知則沒有被列在先知書當中。這些列舉的先知書當中，最容易理解也最充滿幽默感的是約拿，相當易懂而且非常有趣，就連小學三年級的小朋友都看得懂。不過，約拿不光只是個「有趣的故事」而已，它還是個可隨著個人的信德深淺，反思無限深遠的故事。

——以利亞【厄里亞】

——以利沙【厄里叟】

在鯨魚肚子裡住過的先知

有一天，上主對先知約拿說：「你去尼尼微那大城，公開斥責那裡的人。」但是，約拿覺得無法負擔傳達上主旨意的重任，想逃到他施這個地方。去他施的途中，他所搭的船遇到了大風浪。約拿知道這個大風浪是因他而引起的，他告訴船上的人：「把我丟到海裡吧！」

——他施【塔爾史士】

果然，船上的人們把他丟到海裡，風浪真的平靜了。約拿被一條大魚吞到肚子裡三天，後來被吐出來，他已經到達尼尼微城外了。因為不想去尼尼微而逃走了，沒想到又被帶回來尼尼微城。他想要違背上主的旨意，即使是逃到天涯海角，還是逃不過上主。

在尼尼微城，約拿又聽到上主的聲音：「再過四十天，尼尼微城就要被毀滅！」

約拿奉上主的旨意，到尼尼微城裡宣告上主的警告。這裡是個大城市，非常熱鬧繁榮，若以現代的城市來看，大概就像日本的東京吧！怎麼看也不像會被毀滅的地方。人愈多的地方，壞事蔓延愈廣。尼尼微城的人們聽到約拿的話非常害怕，相信了上主的話。有錢人也好、窮人也好，都齋戒禁食痛悔。國王也脫下華服而披上麻布，並對全國的人宣告說：「人和牲畜要披上麻布，每個人都要停止邪惡的行為，懇切地向上主禱告認罪。也許這樣，上主能改變心意，不再發怒。」

尼尼微城的人們同心合意地懺悔認錯，所以上主改變心意，沒有毀掉這個城市，約拿卻生氣憤慨。尼尼微城並沒有像自己所說的遭到毀滅，讓他覺得很可恥。於是約拿在附近造了一座小棚子，觀察尼尼微城有沒有什麼變化。好熱喔！被大太陽曬得熱死了。上主為了約拿安排一顆蓖麻樹，這棵樹一夜就長大好讓約拿乘涼。然而第二天，上主讓這顆蓖麻樹枯死了。約拿又受不了日曬和熱氣，求上主讓他死掉算了。

於是上主這樣告訴他，「這棵蓖麻樹在一夜長大，一夜就枯死了，你既沒有栽種它，也沒有使它成長，卻為它感到可惜。在尼尼微城有超過十二萬人的子民，還有許多的牲畜，我豈能不愛惜嗎？」就這樣，約拿終於了解到上主的愛了。

說真話需要勇氣

約拿最初回覆上主的答案是「對不起，我辦不到」，所以搭船逃離了。但是這麼做的不只是約拿而已。如果讀了《聖經》不難發現，許多先知被召告傳達上主的旨意時，都曾想打退堂鼓。

身為史上第一位先知的摩西，當他接到上主的旨意「你要帶領以色列的子民離開埃及」時，他膽怯地回答說：「我算是什麼東西呢？你要我去法老那裡，告訴他，我要帶領以色列同胞離開埃及嗎？」並且他又猶豫的說：「但是，法老跟我的同胞必定不相信我。他們一定會說，不可能，你怎麼可能看到上主？上主怎麼可能向你顯現？」

聽了摩西的陳述，上主給了摩西一些足以證明摩西受派遣的證據，讓摩西可以把手杖變成蛇、使大痲瘋得到醫治。即使如此，摩西又對上主說：「我天生口才不好，就像現在我在你的面前，也無法把話說好。」

……——摩西【梅瑟】

總之，摩西老是說些不長進的話。上主告訴他，「是誰創造了人的嘴？是我。什麼時候該說什麼話，我會時時刻刻教給你的。」可是摩西還是拒絕了上主，他說「啊！上主啊！請你去找個更合適的人選吧！」結果被上主責罵了。

亞倫②聽到上主說：「我要立你為萬國的先知，在你尚未出生之前，我已經將你分別為聖了。」之後，也迷惑地回答道：「我就和一般的年輕人沒什麼兩樣，不知道該要怎麼說話才好。」恐怕，每一位先知都經驗過像摩西、亞倫、約拿那種猶豫不安的心情。他們為什麼對於傳達上主的旨意猶豫不決，甚至害怕、想逃避？

……——亞倫【亞郎】

第一，這是個太過於沉重的負擔。平常我們每天做家事，或是熟練地從事公司內的工作，但某一天突然有人告訴你「你去當東京都知事（即東京市長）」，或是說「集合全日本的婦女協會，你去當會長」，相信誰也不可能馬上就接受。因為這個責任太沉重了，而且又是各方面都不討好的工作，到底還是做不來的。

其次，信德愈是堅定的人，愈是會覺得自己無法勝任，愈是畏懼替上主傳達旨意，這是理所當然的事。而且多半會被當成瘋子、或者被嘲笑，有時還會遭人憎恨也不一定。有句俗話說「忠言逆耳」。人就是這樣，自己的父母、兄弟姐妹、或是朋友還是職場的上司同事等等，稍微被這些人說一兩句就容易惱羞成怒，進而產生憎恨之心。對於人類這樣的態度，先知們必須抱著不能拿這種事來打賭的心情，去替上主傳達旨意才行。

要懲罰公侯和王室。（西番雅）
燒滅諸多的宮殿。（阿摩司）
你令人驚恐，不再存留於世，直到永遠。（以西結書）

上述這些話非明講不可，可是聽到這些話，國王或是國家的宰相必定非常生氣，而且愈暴虐的人應該愈憤怒。聽說有許多先知到後來都被殺了，我想這是理所當然的結果吧！事實上，因為拒絕拜偶像而激動的警告亞哈王的以利亞，不斷被人狙擊要奪取他的生命；還有像是被丟到烈火當中的，或是被丟到獅子巢穴的但以理等等，這些事全部都記述在《聖經》裡面。

——亞哈【阿哈布】

——但以理【達尼爾】

② 摩西【梅瑟】的哥哥。

巴比倫滅亡的預言

由此可以知道，成為一位先知是何等嚴重的事，想辭卻也是理所當然的。不但如此，像拿單對尼尼微城的情況一樣，有時上主會收回所說過的預言。若是預言被撤回了，大家便會嘲笑這位先知。所以有位先知叫做耶利米，因為這樣而感到苦惱憂傷。但是，實際上眾先知們說過許多的預言，而且有許多預言後來都成真了。

例如，巴比倫城被稱為「大城市」，是個繁榮熱鬧的城市，不過它除了經濟相當繁榮之外，壞事也相當猖獗。對於這樣的巴比倫城，先知耶利米說：

「上主說，……就是毀滅天下的山，我與你反對。我必伸手向你，將你從山崖輥下去，使你成為燒毀的山。……你必永遠荒涼。」

「海水漲起，漫過巴比倫。他被許多海浪遮蓋。他的城邑變為荒場，旱地，沙漠，無人居住，無人經過之地。……萬民必不流歸他那裡。」

對於巴比倫城，耶利米說過許多的預言，這也只不過是當中一部分而已。但是，當耶利米說這些預言時，又有誰相信過他了？更何況，當時的巴比倫正處於繁榮的頂點，這些預言只有被嘲笑的份吧！如今，這個被稱為淫婦一樣墮落的巴比倫城，的確變成了沙漠荒原而被埋在地底下，而且地下水的水位過高，連考古挖掘都困難重重。

這只不過是其中一個例子而已，像有些先知也有說過其他城市會遭毀滅，而真的就如預言所說的被毀滅了。除了毀滅的預言，先知們也說過許多其他的預言，特別是針對基督的信仰者的……不！應該說是對於全人類而言最為重要，有關於耶穌基督的預言。

等待著光明和希望

若是研讀《新約聖經》，我們應該讀過：「這一切事的發生，是為應驗上主藉先知所說的話。」（〈馬太福音〉第一章第廿二節）；「這就應驗了耶利米先知所說的話。」（〈馬太福音〉第廿七章第九節）等等。這就是說耶穌基督的誕生、受難、死、復活等等，在耶穌誕生之前幾百年就預言了，實現了：基督誕生，被釘在十字架上，死而復活。即使重複地研讀《新約聖經》，若是不清楚這些《舊約》先知們所說過的預言，可說不夠理解耶穌基督在上主對人類救恩歷史中的意義。因此有人這麼說過，「在《舊約聖經》中隱藏著《新約聖經》，在《新約聖經》當中則可以發現《舊約聖經》。」其實不難發現到，《聖經》是新舊相互交合的。在這裡，我將預言耶穌基督的部分，最震撼人心的內容抄下來與大家分享。我想恐怕這些內容會使每個人覺得震撼而且感動吧！這是〈以賽亞書〉第五十三章裡面的內容③。

有誰會相信我們的報道呢？上主的手臂又向誰顯示了呢？

他在上主面前生長如嫩芽，又像出自乾地中的根苗；他沒有俊美，也沒有華麗，可使我們瞻仰；他沒有儀容，可使我們戀慕；

他受盡了汙辱，被人遺棄；他真是個苦人，熟悉病苦；他好像一個人們掩面不

③ 以下中黑字體部分爲作者想要強調的部分。

顧的人；他受盡了汙辱，因為我們都以他不算什麼。

然而他所背負的，是我們的疾苦；擔負的，是我們的疼痛：我們還以為他受了懲罰，為上主所擊傷和受貶抑的人。可是他被刺透，是因了我們的悖逆；他被打傷，是因了我們的罪惡；因他受了懲罰，我們便得了安全；因他受了創傷，使我們便得了痊癒。

我們都像羊一樣迷了路，各走各自的路；但上主卻把我們眾人的罪過歸到他身上。

他受虐待，仍然謙遜忍受，總不開口，如同被牽去待宰的羔羊；又像母羊在剪毛的人前不出聲，他也是同樣不開口。

他受了不義的審判而被除掉，有誰懷念他的命運？其實他從活人的地上被剪除，受難至死，是為了我人民的罪過。

雖然他從未行過強暴，他口中也從未出過謊言，人們仍把他與歹徒同埋，使他與作惡的人同葬。

上主的旨意是要用苦難折磨他；當他犧牲了自己的性命，作了贖過祭時，他要看見他的後輩延年益壽，上主的旨意也藉著他的手得以實現。

在他受盡了痛苦之後，他要看見光明，並因自己的經歷而滿足；我正義的僕人要使多人成義。

（中間省略）

因為他為了承擔大眾的罪過，又作罪犯的中保，犧牲了自己的性命，至於死亡，被列在罪犯之中。

每當我讀〈以賽亞書〉五十三章時，幾度心頭熾熱，熱淚盈眶。這裡清晰而深刻地描繪我們的耶穌基督的受苦形像，是何等不當地受折磨，又沒有任何回報的生涯。不但如此，還是相當失意又不幸的一生，是默默的承擔我們人類的罪過，以被釘在十字架上為人類的死罪犧牲了，成了贖罪的祭祀。

他所背負的，是我們的疾苦；擔負的，是我們的疼痛。
上主卻把我們眾人的罪過歸到他身上。
因為他為了承擔大眾的罪過，又作罪犯的中保。

讀到這裡，不覺得耶穌基督的一生是充滿了愛嗎？這樣的耶穌基督的樣子，在我們讀到〈福音書〉時，不就是更具象地一再重現在我們的面前嗎？總之，《聖經》不管是《新約》還是《舊約》，都是指向耶穌，就是基督，也是救主愛的臨在。當我們在研讀《新約聖經》遇到什麼問題時，不妨打開《舊約聖經》來參考看看，有許多地方是相連互通的。幾千年前或是幾百年前，上主藉先知們所傳達的，後來真的就在這個世界上實現了。

值得信賴的力量

預言的成就，只不過是偶然的嗎？有許多的預言成了事實，表示並非偶然。這表示上主確確實實存在，而上主所發出的語言也都實現了。為了要更了解這些，我們必須用更謙虛、更熱心的態度去研讀《舊約聖經》。其次，默觀眾先知冒著生命的危險，拋棄功名利慾，歷經苦難及波折的一生，我們不是應該學習他們的信德才對嗎？

在我因為脊椎潰瘍和結核病，每天被強迫絕對安靜休養的那段期間，我和日本全國各地的許多新教朋友通信。每個人都寄了許多信仰上的話給我，讓我從中學習到許多東西。特別是送給我的聖言每天都寫在這些信的結尾，這些聖言不知道給了我多少力量。也不知道為什麼，有許多人常常送〈以賽亞書〉第四十章第廿九到卅節的話給我。這當中，最常送給我的人是外子。

他賜給疲倦者力量，賜給無力量勇氣。
少年人能疲倦困乏，青年人能失足跌倒；
然而仰望上主的，必獲得新的力量，必能振翼高飛有如禿鷹，疾馳而不困乏，
奔走而不疲倦。

——〈以賽亞書〉【依撒意亞】

對於好幾年無法站起來的我，每當誦讀這些聖言，總是帶給我莫大的鼓勵。不過，我也蠻懷疑的：到底，我是否能夠迎接雙腳站立的這一天呢？經過多次，許多人們寄這

句聖言給我，我漸漸喜歡上這些中黑體的話。其實最初常常受到激勵的是「必能振翼高飛有如禿鷹，疾馳而不困乏，奔走而不疲倦。」這句。後來，「仰望上主的，必獲得新的力量」，就像聖言所宣告的，我終於得到了力量。

「仰望上主的」這是何等美好的境界啊！我真的這麼覺得。我們每天對許多事情充滿等待與仰望，像是病痛得到醫治、工作升遷、交到男女朋友、蓋房子、孩子成長等等。根據所等待的對象不同，有可能出現焦慮不安、咒罵人家而陷入困窘的狀態、忌妒、吝嗇等等的情緒。但是，「仰望上主的」卻不會有這樣的反應，即使是傲慢的人也變得謙虛；貪婪的人也懂得如何施捨。所以我懷著這樣的心，覺得「仰望上主的，必獲得新的力量」這句聖言是真理。

真的！在日常生活裡，「仰望上主的」真的能讓我們得到新而自然的生存力量，我的確這麼認為。就因為這樣的想法，當我讀〈以賽亞書〉時，我注意到先知對「主，耶穌基督」的預言。

為什麼，耶穌非降生成人到世界上來不行？如果讀了《舊約聖經》誰也都能理解。因為「人活著不能不犯罪」、「人活著不可能去承擔罪過」，我們犯罪不但被原諒，上主更把我們從罪過中救拔、釋放出來。就算是有法規訂定說「守法就能被原諒」，但沒辦法徹底遵守法律的就是我們人類。律法的要點是「**你應當全心、全靈、全意、全力愛上主你的天主**」，還有「**你應當愛近人如你自己**」，但是這樣的律法誰也沒辦法遵守。我們除了自我中心的生活，什麼也辦不到，因為人類始終過著利己主義的日子。以賽亞先知激烈的預言說「**你們行大祈禱時，我（上主）決不俯聽，因為你們的手染滿了血**」

這真是會刺痛人心的話。我讀過這句聖言，對於說不出「我從來沒有殺過人啊」這句話的自己，不得不好好反省了。

人活著就在傷害別人，不敢說傷了多少人，但是絕對沒有人敢說，從出生到現在，從來沒有傷害過任何人。用舌頭說話傷害人、或是用眼神刺痛他人，總之人心裡始終批判著別人的。那寒風刺骨般冷漠的心，實在好殘酷。

希爾第（Carl Hilty，瑞士思想家）在他的著作《為了睡不著的夜晚》這本書裡提到「若是覺得人可以『愛』——而且，這是每個人都必須接受的教育——那麼，不廢除『批判』是不行的」。我非常認同這個說法。但是，可以不批判他人而安穩生存的自我，這樣的人地球上到底有多少呢？總之，如同上主透過以賽亞先知說的「你們的手染滿了血」一樣。以賽亞先知又說了，「禍哉，那些稱惡為善，稱善為惡；以暗為光，以光為暗，以甘為苦，以苦為甘的人。」（〈以賽亞書〉第五章第廿節）

看看當前世界，的確如此。善惡混亂顛倒，是光還是暗也不知道，總之十分渾沌不清就是了，還以為甜的是苦的，苦的是甜的。不只是價值觀錯亂而已，而且形成一個很可怕的世界。那麼，在此我想引用〈以賽亞書〉第八章第廿三節到第九章第一節的經節。若是從來沒有讀過《舊約聖經》，但卻讀過《新約聖經》的人，一定會想：「啊，我讀過類似的經節。」

因為遭受災難的必將免於黑暗。往昔上主曾使西布倫和拿弗他利地域受了侮辱，但日後卻使沿海之路，約旦東岸，外方人的加利利獲得了光榮。在黑暗中

——西布倫【則步隆】

——拿弗他利【納斐塔里】

——加利利【加里肋亞】

行走的百姓看見了一道皓光，光輝已射在那寄居在漆黑之地的人們身上。

相信各位應該對這段話有印象吧！也出現在〈馬太福音〉第四章的第十五、十六節。在這裡以賽亞先知所說的「看見了一道皓光」就是指耶穌基督。

我現在在一本雜誌執筆一篇叫「細川．伽羅奢」（Mrs. Hosokawa Gratia）的連載。瞭解日本歷史的人應該知道，伽羅奢（細川玉）是細川忠興的妻子、明智光秀的女兒。父親光秀去世後，她變成一位熱忱的基督徒④，結局是死得很壯烈。把這放一邊不說，要是明智光秀沒有打敗織田信長，之後的日本不知道會變成什麼樣子。

織田信長可能和外國從事貿易，又出兵侵略其他國家。不光是附近的朝鮮、中國，甚至試圖派兵遠征西洋諸國。反正，不知道大海有多遼闊的井底之蛙，做了無謀之事，搞不好讓日本變成別國的領土也不一定。這樣說來，光秀打敗了信長，姑且不論其是非，這對日本而言絕非是一件小事。四百年前的光秀和我們並非無關。

正當我在思考這些問題時，所訂購賀川豐彥老師演講的錄音帶剛好寄到。在賀川老師的演講當中這麼說：

「耶穌被釘在十字架上，改變了世界的歷史。」我突然有頓悟（？）的感覺。直到現在才意會到這件事，說頓悟（？）也是蠻可笑的，總之，我覺得是「啊！真的耶。」的感覺，只是和光秀打敗信長改變歷史的方法不一樣而已。

④ 細川玉，聖名日文漢字爲伽羅奢，天主教徒，當時爲日本人稱作吉利支丹。

當耶穌被釘在十字架上時，連他的學生們，一定也無情地覺得耶穌是何等的無能。有的吐口水、敲腦袋；有人對被釘在十字架上的耶穌說：「他救了別人，卻救不了自己」、「默西亞，以色列的君王，現在從十字架上下來吧！」不論司祭長、律法學者、長老們、過路的人們、一樣被釘在十字架上的囚犯也嘲笑耶穌。那個時候沒有一個人覺得，耶穌的死就是救世主的死，他們眼中所看到的只不過是一個即將慘死的可憐男人而已。

就像這樣，人的眼裡總是充滿了錯誤。話說，耶穌的死改變了世界歷史；也可以說，世界因為耶穌的死而展開新的一頁。西曆也是從耶穌出生時開始計算的，而誰都知道筆者撰寫本文是一九七四年。

如果耶穌沒有來到這個世界，世界到底會變成什麼樣子？別說宗教史，文學史也好、美術史也好，甚至音樂史及科學史都會改變吧！從耶穌出生到一九七四年，追隨耶穌腳步的人數暴增。這些人的一生，經由基督而有了根本性的改變。所以世界歷史沒有辦法不改變。

世界可以變得更美好

在此，我來記下《聖經》〈以賽亞書〉裡對耶穌基督的預言的內容：

因為有一個嬰孩為我們誕生了，有一個兒子賜給了我們；他肩上負擔著王權，

他的名子要稱為神奇的謀士、強有力的上主、永遠之父、和平的王。（〈以賽亞書〉第九章第六節）

像〈以賽亞書〉中所說的，人們會永遠稱頌耶穌基督的名，就是和平的君王。這個世界上，曾經出現過多少英雄、獨裁者和掌權者，如尼祿、拿破崙、希特勒、史達林。但是這些人的名字，在耶穌面前顯得何等渺小而空洞啊！

先知撒母耳的時代，以色列還沒有王的存在。在那個時代做裁決、治理一切的都是替上主傳達旨意的先知、或是擁有權利的人。但是在撒母耳晚年時，人們要求要擁有一個王，而撒母耳的孩子們並不像他一樣賢明也是原因。總之人們對撒母耳要求，「求你立一個王治理我們，像列國一樣。」撒母耳覺得不是很高興，便向上主禱告祈求。上主這樣對撒母耳說：「百姓向你說的一切話，你只管依從，因為他們不是厭棄你，而是我，不要我做他們的王。」撒母耳只好勉勉強強地替他們立了一個王。當時，撒母耳曾警告以色列百姓，有了王的制度，隨之將有徵兵及重稅等苦事臨到人民身上，可是人們並不聽從。百姓們寧可依賴人類來做他們的王，也不願依賴上主。

就這樣，以色列誤入歧途了。這是理所當然的，因為他們不仰賴上主而去依靠人類的王。這種過錯在歷史中反覆出現，導致人們開始期望以賽亞、或是其他先知所預言的「救世主」出現。畢竟，上主沒有賜與「救世主」，以色列人就無法得救，這些事都明記在歷史裡面。而能夠實現這個預言的，也就是耶穌基督，但是，人們都不知道。就算相信耶穌是所預言的救世主的人，也捨棄了被釘在十字架上的耶穌。正如前面也有記載的〈以賽亞書〉第五十三章裡所說的「他受盡了汙辱，被人遺棄」。〈以賽亞書〉第五十三章最後的部分，「他為了承擔大眾的罪過，又作罪犯的中保」。賀川豐彥老師說：「耶穌基督是以真的救世主之姿出現。當他被釘在十字架上極為痛苦難受的時候，耶穌旁邊一樣被釘在十字架上的強盜對耶穌說，你的國降臨時，求你紀念我。耶穌對他說，我實在告訴你，今天你要和我在樂園裡了。我們只不過是輕微的肚子痛就不想理人了，但耶穌在面臨死亡的痛苦時，仍然謹守救世主的職責。」

這些話是什麼意思？正如老師所說的，耶穌不是來裁決什麼，而是來救人的。而且，他在十字架上忍受著痛苦，一邊為了將他釘在十字架的人們祈禱：「父啊，寬赦他們罷！因為他們不知道他們做的是什麼。」

在這樣的狀況下，還有誰說得出這樣的話來？所以我相信耶穌就是基督，也就是上主。我想起古茨科（Karl Gutzkow，德國作家）的一句話：「把所有的愛獻給別人時，更會豐富自己。」

再一次回到以賽亞的預言。在〈以賽亞書〉第十一章第一到九節，提到許多關於耶穌到來的預言。

由耶西的樹幹將生出一個嫩枝，由它的根上將發出一個幼芽。上主的神，智慧和聰明的神，超見和剛毅的神，明達和敬畏上主的神將住在他內。他將以敬畏上主為快慰，他必不照他眼見的施行審訊，也不按他耳聞的執行判斷。（中間省略）

……

——耶西【葉瑟】

豺狼將與羔羊共處，虎豹將與小山羊羔同宿。牛犢和幼獅一同飼養，一個幼童即可帶領他們。母牛和母熊將一起牧放，牠們的幼雛將一同伏臥；獅子將與牛一樣吃草。吃奶的嬰兒將遊戲於蝮蛇的洞口，斷奶的幼童將伸手探入毒蛇的窩穴。在我的整個聖山上，再沒有誰作惡，也沒有害人，因為大地充滿了對上主的認識，有如海洋滿溢海水。

並且在第二章第四節的部分有記載，

他將統治萬邦，治理眾民；
致使眾人都把刀劍鑄成鋤頭，將自己的槍矛製成鐮刀；
民族與民族不再持刀相向，人也不再學習戰鬥。

《舊約聖經》全卷，在充滿著期待耶穌基督出現的狀況下結束；《新約聖經》則是以耶穌基督的話語作為開始，而且傳達了許多福音。我也談過了許多次，《舊約》與《新約》合在一起才稱為「《聖經》」。《聖經》是在證明耶穌是救世主，也就是基督。初次讀到《舊約聖經》時，對於《新約》裡面基督所說的聖言，更可以進一步體會，那種喜悅來臨時內心所感受到的震撼。

在前言的部分我有說到，有一陣子我一直以為《舊約聖經》是一部已經沒有在使用的古老法典，或是因為舊教（指天主教）的人在使用才叫做《舊約聖經》。即使是現在，搞不好我還是抱持有相同的想法也說不定。所以寫了這一本《舊約聖經》入門的書，好像讓人有種越權的感覺。

像我這樣什麼都不懂的人，對於《聖經》，我又該說些什麼才好呢？雖是這樣想，我仍然繼續寫著。有許多鼓勵我的人都這麼說：「就是這樣，這麼做就行了。」

總之我的目的是，沒有傳達到也好，或是錯了也好，我只希望能夠當個推薦者，讓不太接觸《舊約聖經》的人們也能夠對《舊約聖經》產生興趣，進而想去閱讀。

16 斷章——說不完的故事和感觸

因為受限於本書的頁數，很遺憾地無法介紹《舊約聖經》所有的內容。既然如此，我最後介紹幾卷，至少是讓我覺得印象比較深刻的部分，與大家分享。

〈雅歌〉：愛的詩歌

和外子剛認識的時候，他已經把《舊約聖經》讀了七遍。但是他說：「只有〈雅歌〉這個部分不太接觸就是了。」外子個性很保守，所以避著不去讀〈雅歌〉這卷。的確，對當時的外子，也就是一個單身漢而言，〈雅歌〉似乎是篇會讓人傷腦筋的部分。（對於現在的年輕人而言，其實是算不了什麼的。）

〈雅歌〉起先的部分是這麼寫的：

願君以熱吻與我接吻。

在後面的部分還有寫著：

你的雙腿圓潤似玉，是藝術家手中的傑作。
你的肚臍，有如圓樽，總不缺少調香的美酒。
你的肚腹有如一堆麥粒，周圍有百合花圍繞。你的兩個乳……

相當露骨的言詞出現在〈雅歌〉裡。

其實我也很好奇，當初在編輯《聖經》的時候，為什麼會把〈雅歌〉也編列進去？

在教會也好，牧師的講道也不太使用這個部分。當然在〈雅歌〉裡的辭藻非常優美，但裡面出現的人物是誰，我們並不清楚。也因為這樣，實在不知道到底是為什麼而寫。

結婚之後，有些是先生教我的，有些是看了參考書籍後才明瞭的。〈雅歌〉的內容大概是在說什麼，我在接下來的地方做說明。

所羅門王到以色列旅行。有一次在鄉野中，他的心被一位驚世的美少女擄獲了。所羅門王將少女帶回自己的宮殿，想讓少女成為自己的所有物。但是這位少女有一位牧羊的男朋友。與其和擁有金銀財寶與權力的王在一起，她寧願回貧窮的牧羊人男朋友身邊。少女堅定的意志，讓所羅門王也投降了，只好將女孩送回家。因此，少年和少女終於有情人成眷屬。

所羅門這個人，就算他是世界上最有智慧的人，儘管他擁有王的威權，或是無法算計的財產，仍然無法改變一位少女對情人的熱愛。這個比喻是在告誡我們，信仰上主的人對於上主的愛，是否也像這位少女一樣不屈服威權勢力，拒絕金錢利慾的誘惑，只專情於一個人的摯愛。

仔細想一想，一個人被關在王宮裡，王對她提出了許多請求，她卻全都回絕，一心一意只想著自己所愛的人，這是多麼堅強的事啊！而且，所羅門王可是一位美男子、又是當代最聰明的人，他在誘惑少女的言語必定是用盡能耐，而且他擁有莫大的財產。若是順從了所羅門，這個美少女至少物質上必定富足。

但是，話雖如此，少女還是沒有改變她的心意。

若將這位少女和戀人的關係，換成是上主與我們之間的關係來看，我們對於上主的信德是否像少女一樣地強烈？我們是否擁有這樣堅定的信德？為了取得權力而需要改變自己的信仰時，面臨世界上眾多利益或是誘惑時，我們是否仍舊採取堅毅果決的態度呢？

在戰爭時期，因為憲兵的壓迫導致日本教會衰微。當時大家必須遵守命令，在各式各樣的集會當中，首先必須遙拜皇宮之後才能進行活動，結果日本教會也向皇室低頭了。現在回想起當時的狀況，這位少女真實而純真的愛，正是在教導我們，也是我們信仰的典範。當然不只是在信仰上，談戀愛也好，交朋友也好，這個故事可以讓人想寫成一部連續劇，一首美麗的詩。

〈出埃及記〉：以色列民族歷史的起點

當我被外子責備、或是嘮叨，而覺得心頭鬱悶的時候，總會想起第一次看到外子的樣子。（那一天，這個人出現在臥病在床的我的面前。這樣過了一年，他向仍舊臥病在床的我求婚了。就這樣幾年來一直為我禱告，鼓勵我，並且等待著我。托外子的福，雖然我已經三十七歲了，依然擁有幸福的婚姻生活。）這麼想，心裡會充滿感謝，心裡也會漸漸的開朗起來。

「兩個人如何連結在一起？要怎麼起步呢？」這對我們而言，絕對不是一句輕易就可以忘記的話。這不但是針對夫妻而言，對於學校、公司，甚至於國家也是一樣的。就算是組織團體也一樣，有時候應該回到初始階段，做一次反省回顧才是，若套用一句現代話來說就是「原點」。

有位牧師曾經說過，「戰敗」對於日本人而言，就是回到初始的階段，做一次反省與回顧。日本為什麼參加戰爭？自己又為什麼去打仗？赴戰場而死的人們，又是懷著什麼樣的心情而死？在那麼混亂的時代當中如何生存下來？經由這個戰爭，我們又該怎麼反省思考？

對於以色列人而言，讓他們回到初始階段做一次反省與回顧的，應該是出埃及的經驗吧！當時他們在埃及的壓制下生活的很痛苦。他們成為奴隸，忍受著嚴苛的強制勞動。上主為了拯救全以色列民族，於是指派領導者摩西負起重任。淪為奴隸的以色列民族沒有武器，所以摩西空著雙手到王宮去，依照上主的旨意，要求埃及王釋放以色列民族。上主幫助摩西，讓他在埃及法老面前顯現了許多神蹟，進而帶領以色列人離開埃及。

但是，才離開埃及，第一個難關就在前面等待著他們。雖然法老同意以色列人出埃及，卻又派了六百輛戰車尾隨，逐漸逼近、發動攻擊。更慘的，遼闊的紅海在他們面前。這些離開埃及的以色列民族裡面，連老人、婦女、孩子將近兩百萬人。就這樣子後有追兵、前有紅海，進退維谷，無所遁逃。被恐懼所籠罩的民眾們向上主呼喊求救，並且頂撞摩西。

「你是要讓我們全都死在曠野，所以將我們從埃及帶出來的嗎？要死在這種地方的話，寧可死在埃及的土地上。」但是摩西凜然的回答說：「不要害怕，要站穩。今天你們要看上主怎麼救你們。」摩西相信上主的拯救與上主的約定。上主和摩西約定，「要拯救以色列民族脫離埃及，帶領他們到肥沃寬廣、流奶與蜜的地方。」

話雖如此，埃及的追兵逐漸逼近他們，摩西怎麼突破這個難關呢？摩西他站在紅海的岸邊，把手伸進海中。突然間上主颳起了一陣強風，海裡面便出現了一條道路。當以色列人通過這條海中的道路後，埃及的軍隊也駕著戰車陸續跟在後頭。但是，摩西又伸出他的手，海中道路又回復大海，於是埃及的軍隊全軍覆沒。像這樣，在抵達目的地的長年旅途中，幾度經歷上主拯救的經驗；然而以色列人不只一次地懷疑上主。「沒有水！口渴到快死了！」或是「沒有東西吃！沒有肉吃！」抱怨連連。當有人在抱怨時，上主從岩石變出水來、從天上降下嗎哪，並出現大量的鵪鶉，賜給他們飲用水、食物和肉類。

——嗎哪【瑪納】

好了傷疤忘了疼

〈出埃及記〉是個壯烈的故事，前文提到的電影《十誡》，就是在描寫這個故事。在各個部分裡面穿插法律條文，使得這個故事讓人更容易親近了解。

讀到這裡，首先讓我想到的是，儘管上主顯現了許多的奇蹟給人類，人類還是很健忘。上主如何地賜下恩惠、或是給予協助；結果，只不過是一下子，人們就忘記了。而且，稍微遇到一些困難，就馬上開口抱怨。單單是在海裡開了一條逃生的路，就應該向上主獻上感謝才對，但他們卻完全沒有。讀到這裡時實在讓人又氣又焦急。上主對於以色列民族很有耐心，好幾次都伸出手援救他們，他們卻充滿了不信。然而上主竟賜給他們無限的恩惠，實在是令人感到驚訝。

但是，反覆閱讀這段經文將發現，以色列人就是我們人類的模樣。就像這句俗話「好了傷疤忘了疼」一樣，被救助、或是承受恩惠時很感激，但是過不了多久便忘了，這是人之常情。

（這樣不信上主的民族，為什麼還要賜給他們恩惠呢？）有時覺得相當不可思議，但是，上主本來就是這個樣子。為了不信的人類，上主賜了他的獨生子耶穌給我們。而且上主的獨生子是被釘在十字架上，可見人類的罪孽有多深。事實上，要被釘在十字架上的應該是我們每一個人才對，但是上主卻讓耶穌一個人釘在十字架上，抵消全人類所犯的罪過。因為上主的獨生子是如此這般有價值（有點措詞不當）。總之，這是位何等寬大的上主啊！

以色列民族出埃及的時代，主耶穌還沒有出生。雖是如此，上主看在摩西深厚信德的份上，好幾次顯現能力拯救以色列人吧！

有時候會聽人家說《舊約》時代的上主是個易怒的上主，但是在研讀〈出埃及記〉時我發現，應該說上主是個很有耐心的上主才恰當。不管如何，以色列的確是在上主的拯救與恩惠的引導下，所建立的國家。

在這之後的好幾千年長久的歷史當中，每當遇到困難時，〈出埃及記〉的經驗足以讓以色列人變得多振奮啊！認識上主的人，或多或少一定體驗過上主的引導、上主的守護，沒有止境的恩寵。所以希望回歸自身的真實經驗，然後一同熟讀〈出埃及記〉。

王后耶洗別的故事：惡毒的皇后

〈列王記〉、〈歷代志〉的內容是記述歷代君王的事蹟和先知們的事蹟。

大體而言，當一個國家撰述君王的事蹟時，一般多是歌功頌德的內容，幾乎是不敢描寫缺點的。即使在日本，對於天皇也是一樣。在以前的歷史課本當中，學到隱晦的方式來表達的「中宮」或是「女官」這些名詞，說穿了，這些就是天皇妻妾的意思。但是，《聖經》裡面對於在描述歷代君王的措辭，完全沒有禁忌。即使是以色列民族最喜愛的大衛王也是一樣，對於他所犯的錯，毫無保留的記錄下來。

因為他們擁有「除了我以外，你不可有別的神」的戒律。即使是有豐功偉業的王，也不可以將之偶像化。如此明確的信仰，產生了這樣的史書。

在《聖經》的歷史裡，蒙上主許多恩寵也不信服上主的王，到處可見。所以，史書也是信仰書，同時是告誡以色列歸向上主的一本聖書。裡面所出現的大衛王和所羅門王之前也有提到過。

在歷代的王當中，名聲最不好的是亞哈王。這位亞哈王有一個可以稱為惡女的惡妻。這個相當厲害的妻子名叫耶洗別。亞哈王在她的唆使下，做了許多罪大惡極的事。

——耶洗別【依則貝耳】

那麼，我想介紹這一個以色列史上最猛的惡女耶洗別。她是歷代王妃當中名聲最壞的一個。能被稱為惡女的她，一定是某些地方有其魅力。耶洗別果然是個相當美麗的女人，化妝艷麗，除此，別無可觀。《聖經》裡提到，在她快將近六十歲時還「梳頭化妝擦眼膏」。

耶洗別是外國國王的女兒，嫁給亞哈王之後，仍然熱心地事奉敬拜偶像巴力。她也強迫丈夫亞哈王，必須放棄唯一的真上主，來和她一起事奉偶像巴力。她是一個比丈夫還強悍的女人，《聖經》就這麼說：「從來沒有像亞哈的，因他受王后耶洗別的聳動，自甘墮落，行了上主眼中的惡事。」耶洗別則迫害了上百名上主的先知。因為這些先知不管對亞哈王、或高官們，不好的就是不好，毫無忌憚地批評，所以她迫害先知們。

被耶洗別迫害的人中，包括有大先知以利亞和以利叟。他們是任何狀況都不會遠離上主的神聖先知，並且行了許多奇蹟。因為以利亞的祈禱，導致三年沒下雨。後來又因為他的祈禱而天降甘霖。還有以利亞的弟子以利叟，他為了幫一位寡婦還債，讓他們家的油倒在器皿中可以變賣，而且這些油怎麼用，就是用不完。其他還有讓死去的人活過來，用一根樹枝讓沉到河裡的斧頭浮上岸來，讓得了大痲瘋的乃縵將軍得以潔淨等等，總之許多大人也覺得很有趣的故事。很可惜沒有太多的時間將每個故事都寫出來，不過有一個故事，一定要拿出來與大家分享。

有個名叫拿伯的人，他有一塊葡萄園就在亞哈王的皇宮附近。亞哈王想要這塊葡萄園，對拿伯說：「把你的葡萄園讓給我吧！我給你更好的葡萄園。或者你願意的話，我可以付給你公道的價錢。」但是，這塊園子是拿伯的祖產，所以他拒絕了。以色列的法律規定「土地是要代代相傳，不可變賣的」；「必須堅守父祖的部族的產業」。如果再怎麼努力，土地無法耕作，可以由近親買下。所以買主即使是王，也不可以違背法律的規定。拿伯的拒絕是合理的；而亞哈王的要求，其實是違背法律，縱容個人私慾罷了。亞哈王被拒絕後很懊惱，沒有吃飯就上床睡覺了。想想看其實他還蠻溫順的，或許亞哈

巴力【巴耳】——

——乃縵【納阿曼】

——拿伯【納波特】

王心中還有身為以色列國王的良心吧！但是，耶洗別便對王說：「你不就是以色列的王嗎？還在想不開做什麼？我一定會把拿伯的葡萄園交給你的。」在耶洗別的眼中沒有法律，只有權利、權力。於是，她以王的名義寫信給地方上的長老、以及有權勢的人。「找兩個壞心眼的人當面控訴拿伯，說他辱罵了上主和王，然後把他拖出城外，用石頭打死吧！」這明明是構陷。在以色列的法律中，「侮辱上主的名的，將被處死。必須被處磔刑，全民眾必須用石頭砸他才行」。而且，要處死人必須要有兩個人以上的證言。耶洗別反過來利用法律。她違背唯一的上主而去崇拜偶像，卻陷害篤行信仰的拿伯，陷他於冤罪。

儘管拿伯極力喊冤也沒有用，還是被群眾用石頭砸死了。拿伯死了，耶洗別得意洋洋地向丈夫亞哈王報告：「你看，很簡單吧！那個人已經死了，那塊葡萄園現在屬於你的了。」

為了私慾，耶洗別竟臉不紅、氣不喘地做出無血無淚的事。塗著濃艷的粉妝，心狠手辣，就是耶洗別給人們的印象。這時，先知以利亞得到上主的指示，到拿伯的葡萄園去。正如上主所說的，亞哈王就在葡萄園裡。「王啊，是你殺了拿伯的。你霸占了他的產業。所以王啊，請你仔細聽。上主這樣說，狗在什麼地方舔拿伯的血，也要在那裡舔你的血。」

亞哈王用著厭惡的口氣說：「我的仇敵啊，你找到我了嗎？」以利亞嚴肅的回答說：「沒錯！你一心一意在做上主看為邪惡的事，上主說，要降災禍給你，要滅掉你和你家族所有的男人。還有，狗要吃你的妻子耶洗別的屍骸。」以利亞太有魄力了，以致於亞哈王嚇著了。亞哈王當然很清楚以色列的歷史，他清楚，凡做了上主看為惡事的王，都如同預言所說地被毀滅了。所以亞哈王領悟自己做錯了。他悔改認錯，撕裂他的衣服並且禁食，穿著麻衣，垂頭喪氣地走來走去。上主看到了，便對以利亞說：「亞哈在我面前這樣謙卑，你看見了嗎？我不在他活著時降禍，要在他兒子執政時降禍他的家族。」

這裡再次了解，上主對於悔改認錯的人相當寬大。但是，耶洗別依然故我，甚至變本加厲地傲慢。不久後亞哈王死了，他兒子約蘭繼位。約蘭是個比亞哈王來得好一點的王，但是耶洗別仍舊操控著大權。

——約蘭【耶曷蘭】

結果，約蘭的臣子耶戶起來反叛約蘭。

——耶戶【耶胡】

耶戶和約蘭在冤死的拿伯的葡萄園大對決。耶戶拉弓射中了約蘭的背部，穿透了他的心臟，死了，屍首被拋在拿伯的園子裡，實現了上主的預言。

勝仗將軍耶戶駕著車到耶洗別所居住的城裡。耶洗別「梳頭化妝擦眼膏」從王宮的窗口看望著街上，在耶戶進城時嘲笑著說：「你這個殺了王的人，你會帶來平安嗎？」耶戶便呼叫說：「有誰擁護我的？把耶洗別扔下來吧！」結果有兩、三個人抓著耶洗別，把她扔出窗外，血都濺在牆壁和馬身上。耶戶等人進城後在舉行勝利的宴會時，耶洗別的屍骸被狗吃掉了。就這樣「狗要在耶斯列城吃耶洗別的屍體。」上主所說的預言很可怕，但真的都實現了。

〈列王記〉、〈歷代志〉裡面有許多的君王登場，沒有一個王違背了上主卻能繁榮，即使他們誇耀自己的榮華，最後還是會毀滅消逝的。這部分的史書是最好的證人。

無論如何，各種各樣的君王、各式各樣的生涯，正是告訴我們，該如何善度我們的人生。特別是，這些冒著生命的危險，為上主傳達旨意的先知事蹟，正是規諫我們的鏡子。

何西阿：摯愛妻子的先知

——何西阿【歐瑟亞】

有一位認識的男士，用著鬱鬱寡歡的表情說：「我絕對沒有辦法像何西阿先知那樣。」我頗有同感。另外，作家船越昌先生用很熱切地語氣說：「我想寫何西阿的故事。」我感到好像被打敗一樣。對於男性而言，何西阿先知不是個那麼容易談論的人物。

這個何西阿先知到底是什麼人物？總之，他是有個淫蕩妻子的先知。這個妻子背叛了何西阿，通姦生了兩個孩子，淪為娼婦。何西阿用十五銀子和一些大麥把她買回來，因為遵守上主對他說的：「你再去愛一個淫婦，就是他的情人所愛的。」

總之，何西阿真心地愛淫婦般的妻子，盡心地救拔墮落的妻子。何西阿第一次聽到上主的聲音是：「你去娶淫婦為妻，也收那從淫亂所生的兒女。」這是個讓人難以接受的旨意。他的婚姻，一開始就充滿苦惱。他偉大之處，在於明知上主的旨意是件難以接受的事，還是順從了。我一直認為，信德就是順從的意思。假使上主的命令，就是上主所要交託給我們的，如果是就應該高興的追隨。我一直認為這麼做的話就是信仰。這樣說也可以吧！對於上主絕對地信賴，就是信仰。

「上主所做的絕對不會有錯。」像這樣地確信，於是我們變得堅強，而順從上主。所謂順從並非代表軟弱，軟弱的人也做不到真正的順從。就算是明明知道無法接受，卻能因著對於上主的信賴而接受，這是軟弱的人所做不到的。

上主的獨生子耶穌，被釘在十字架的前一天晚上在山園的大祈禱，堪稱我們的榜樣。耶穌這樣禱告：「我父！若是可能，就請讓這杯離開我罷！但是，不要照我，而要照你所願意的」。「順其心」，恐怕是耶穌禱告一貫的本質。

我們也有許多想迴避的事，像不要生病、不願意遇到災難、不想死等等。但是，要是真能「順其心」，誠心誠意地祈求，必定得到完全的平安才對。

何西阿順從上主的旨意，娶了一個讓人難以接受的女人為妻，而且，這個女人極為淫蕩，無視丈夫的存在，但是，一旦被真實的愛浸潤時，終能體會到上主對人類的愛有多深、多厚。

人在上主的面前總是表現得不夠誠懇，而且盡是做些背叛上主的事，慣性地無視於上主的存在。對於這樣的人類，上主總是忍耐著；上主投注於人類的愛，是何等寬大深切，我們永遠無法計量。何西阿被唯一的妻子背叛，又被她耍得團團轉。而後當何西阿正視自己的時候，他深切體會了上主無可計量的愛吧！經由這樣，何西阿足以負起重任，以極大的耐心，規勸背棄唯一上主而侍奉偶像的人們。

針對何西阿和淫蕩的女人結婚這件事，有幾種不同的說法。一說：他娶了一個犯了許多姦淫的女人；一說：他結婚後妻子背叛出軌；一說：把離家的妻子買回來等等，版本很多，讓人混淆不清。不過可以確信的是，這個女人是個背叛丈夫好幾次的女人，絕對不會錯的。

〈瑪拉基書〉：黎明前的黑暗

《舊約聖經》最後一卷是〈瑪拉基書〉。由「在起初上主了創造天地。」做起頭的《舊約聖經》，會以什麼樣的文句作結尾，實在是讓人感到很有興趣。

據說，「瑪拉基」有「我的使者」的意思。在這個將要被預言的時代，聽說是個相當不信從上主的時代。這一點，和現代是相當類似的。不！其實在哪個時代都一樣，人都是不信從上主。耶穌基督也曾感嘆的說：「啊，這是個何等不信，扭曲的時代啊！」

先知瑪拉基，這樣傳達上主的旨意。

對我的孝敬在那裡？

對我的敬畏在那裡？

對於人們的不信提出嚴厲的指責。

「……我的名在異民中大受顯揚」——萬軍的上主說。你們卻褻瀆了它，……。

司祭們！萬軍的上主對你們說：「你們輕視了我的名。」

司祭是侍奉上主的人。上述經文的意思，以現代的話來說，就是指責牧師、或是神父墮落到不信從上主、汙辱了上主。侍奉上主的人說出侮辱上主的話，實在不像話，成何體統。不信也有不信的尺度吧！這種態度投射於獻給上主的祭品時，因此，生病的、受傷的牛羊都當祭品奉獻了。也就是說，把丟掉了也不會覺得可惜的東西才奉獻給上主。當時就是這樣一個不知羞恥的時代。

——〈瑪拉基書〉【瑪拉基亞】

我們請客時，總想用大魚大肉，如果自己吃的是又大塊又新鮮的食物，卻給客人吃最小塊的魚、或是肉，和丟了也無所謂的水果甜點，會變得怎麼樣呢？若是到這樣的人家裡作客，以後大概都不想再去了，搞不好拒絕往來也說不定。

但是想想我們基督徒奉獻時，情況不也是很相像？就算是不令人心痛的金額或東西，要我們奉獻，仍然會捨不得。上主並不曾向我們要求過任何的金錢。就像〈瑪拉基書〉所說「懇求上主開恩」，實際上，上主期待我們做到「懇求上主開恩」，也就是對於上主的信賴。獻金可以說是人對上主信賴的一種表現。

在〈瑪拉基書〉第三章第十節有一句名言：「你們應把什一之物送入府庫，好使我的殿宇存有食糧。你們就在這事上試試我罷！——萬軍的上主說——看我是否為你們開啟天閘，將祝福傾注在你們身上，直到你們心滿意足。」收入的十分之一是指，月入五萬元奉獻五千、十萬元奉獻一萬元。這樣的金額多多少少對生活有些影響吧！最近，一位教友說：「做奉獻時，雖然多少有影響，但還是會獻上該奉獻的金額。」這也就是說，不是把丟掉了也不會覺得可惜的東西，獻給上主。

每個人有屬於個人的生活。我也是一樣，對於父母也好、久病的兄弟姐妹，親戚等等，每個月都對他們有些援助。在面臨各種狀況下生活的我們，說不定奉獻收入的「十分之一」不是件容易的事。相對的，與其說「十分之一」，就連，對所擁有「十分之九」財產也無關痛癢的，大有人在。重點是至少，「多少有點影響」的奉獻是有必要的。盡所能做到「十分之一」的奉獻時，上主將開敞天上的窗戶，賜福給我們。

上主真的會這樣應許我們嗎？上主說：「你們應把什一之物送入府庫，好使我的殿宇存有食糧。你們就在這事上試試我罷！」試試上主，也就是要測驗上主。這在《聖經》是禁止，這裡硬是要這麼說，表示上主在催促著人類對祂的信賴。也就是說，當時實踐「十分之一」奉獻的人實在少之又少。當然現在也一樣。

「雖然多少有影響，但還是會獻上該奉獻的金額」，對抱持這樣信德的人而言，重要的不在於所奉獻的金額比別人的多、或是少；而是對自身而言，所奉獻的絕對不是「丟掉了也不會覺得可惜」的東西。

在《新約聖經》〈馬可福音〉第十二章這樣地敘述：

> 耶穌面對銀庫坐著，看眾人怎樣向銀庫裡投錢，有許多富人投了很多。那時來了一個窮寡婦，投了兩個小錢，即一文銅錢的四分之一。耶穌便叫他的門徒過來，對他們說，「我實在告訴你們：這個窮寡婦比所有向銀庫裡投錢的人，投的更多，因為眾人都拿他們所餘的來投；但這寡婦卻由自己的不足中，把所有的一切，全部生活費都投上了。」

——〈馬可福音〉【馬爾谷福音】

在三年前發行的《新聖經大辭典》裡面寫著，當時的小銅板相當於二十五錢。兩個小銅板等於半文錢。半文錢是非常少的。但是耶穌卻說「比所有向銀庫裡投錢的人，投的更多。」

上主，也就是主，所在乎的並非金額的多少，而是我們的信德跟對祂的愛。若是耶穌基督在一旁注視我們奉獻，我們所獻的金額會改變吧！其實，上主一直注視我們的。

雖然無法比得上這位奉獻所有財產（兩個小銅板）的婦人，但是我們至少得用著充滿喜悅的信仰之心，做出「雖然多少有些影響但還是會獻上該奉獻的金額」這樣的奉獻。

當我讀到〈瑪拉基書〉時，我會聯想到《舊約》另一卷：〈哈該〉。〈哈該〉裡面有說到，

> 萬軍的上主這樣說：「這百姓說，『建築上主殿宇的時還沒有到。』」當這座殿宇還是一堆廢墟時，難道為你們就到了住在有天花板的房屋的時候？是為了我的殿宇尚在荒廢，而你們竟各自趕造自己的房屋。你們應上山去，搬運木料，建造殿宇。
>
> ……——〈哈該〉【哈蓋】

當決定建造教堂時，這些話常常出現在我心裡。曾經聽說，當時為了追求獨立的信仰，而遠渡到美國的移民們，蓋自己的家之前先建教堂。這件事讓我們重新思考，在我們的生活當中，我們必須以自己為中心？還是以上主為中心？《舊約》也好，《新約》也好，所謂的《聖經》是一本我們在生活中必須一邊反省自己、一邊研讀的書。（若是我的話，要怎麼做？）（我該怎麼做？）若不這麼做，《聖經》真的會變得很無趣；也就是說，無法了解《聖經》的深奧之處，也無法發現藏在裡面的真光明。發現真光，才能讓我們從晦暗中轉向光明。

為追求光明，我希望大家能夠研讀《聖經》。在《舊約聖經》開始的部分，上主說：「有光」，我也重新思考這句話所代表的重要性。

國家圖書館出版品預行編目 (CIP) 資料

三浦綾子 :《舊約》告訴我的故事－－ 原來，《聖經》說透了人性 / 三浦綾子著 ; 劉滯月譯 . -- 初版 . --
臺北市：星火文化， 2015.12
面；　公分 . --（Search ; 5）
譯自 :旧約聖書入門 : 光と愛を求めて
SBN 978-986-92423-0-1(平裝)

1. 舊約　2. 聖經故事

241.1　　104022314

Search 05

三浦綾子：《舊約》告訴我的故事 — 原來，《聖經》說透了人性

作　　者　三浦綾子
譯　　者　劉滯月
執行編輯　陳芳怡
封面繪圖　許書寧
封面設計　Neko
內頁排版　Neko
總 編 輯　徐仲秋
出 版 者　星火文化有限公司
地　　址　台北市衡陽路七號八樓
電　　話　（02）2331-9058
營運統籌　大是文化有限公司
業務專員　陳建昌
業務助理　馬絮盈
企畫編輯　林采諭
讀者服務專線：（02）2375-7911 分機 122
24 小時讀者服務傳真：（02）2375-6999
香港發行　大雁（香港）出版基地 · 里人文化
香港荃灣橫龍街 78 號
正好工業大廈 25 樓 A 室
電話：（852）2419-2288
傳真：（852）2419-1887
E-mail：anyone@biznetvigator.com
印　　刷　韋懋實業有限公司

2015 年 12 月初版　Printed in Taiwan
I S B N 978-986-92423-0-1　定價／300 元
KYÛYAKU SEISHO NYÛMON-HIKARI TO AI WO MOTOMETE
by Ayako MIURA

Frist published in 1974 in Japan by Kobunsha Co., Ltd.
Traditional Chinese translation rights arranged with Ayako Miura Memorial Foundation through Japan Foreign-Rights Centre/ Bardon-Chinese Media Agency